«back to the primitive» lautet das Lebensmotto von Küse Straub, 21. Das versuchte er die letzten zwei Jahre konsequent zu leben, doch er hat es sich einfacher und schöner ausgemalt. «Wenn du dir nie was leisten kannst, das dir einfach Spass macht oder gut tut – dann ist das Leben wirklich trüb», meint er heute. Küse steht im Moment an einem Wendepunkt in seinem Leben. Nach zwei Jahren auf der Gasse, die er sich «extrem genial» vorgestellt hatte, «voller Freiheit und Action und du bist immer der Coole und Krasse» hat ihn die Realität eingeholt. «Im Grunde machst du den ganzen Tag einfach nichts», hat er festgestellt. «Das ist deprimierend öde, einfach gekackt, du tötest dich selbst ab.» Jetzt würde Küse gern wieder arbeiten – um endlich wieder etwas zu erleben.

Simone Burgherr

# Randstein-Storys

Von Ausgeschiedenen und Ausgestiegenen

Mit Fotografien von
Markus Forte
Dörthe Hagenguth
Hanna Jaray
Peter Klaunzer
Miriam Künzli
Urs Lindt
Remo Nägeli
Carmela Odoni
Sabine Rock
Raphael Röösli
Marius Schären
Marco Zanoni

Eine Publikation der Strassenmagazin Surprise GmbH
in Kooperation mit dem MAZ – Die Schweizer Journalistenschule, Luzern.

**KONTRAST**

## Vorwort

Als vor gut acht Jahren die erste Nummer des Strassenmagazins Surprise frisch von der Druckpresse erschien, war der Gedanke an eine 100ste Ausgabe noch weit entfernt. Mitte März 2005 war es jedoch so weit. Hundert Mal haben unsere Verkäuferinnen und Verkäufer das Magazin auf der Strasse angeboten. Das ist ein Anlass, zu feiern. Ein Anlass, jene Menschen, für die das Projekt geschaffen wurde und für die es Tag für Tag da sein soll, mit einem Geburtstagsgeschenk zu überraschen: einem Porträt- und Fotoband über sie und ihren Alltag.

Am Anfang der «Überraschung» stehen die Arbeitslosenzeitungen «Stempelkissen» und «Kalter Kaffee, ganz heiss» aus Basel und Zürich. Ende 1996 regte mich das Arbeitslosenkomitee – eine Selbsthilfeorganisation von Arbeitslosen – in Basel dazu an, ein neues Konzept für diese Publikationen zu erarbeiten. Angeregt vom Beispiel des Magazins «Big Issue» in London, entschlossen wir uns, ein qualitativ gutes Heft zu lancieren, das allen «Menschen in prekären Lebensumständen» die Gelegenheit geben sollte, sich ein zusätzliches Einkommen zu erwirtschaften.

Damit wollten wir versuchen, einerseits diese Leute besser zu erreichen, ihnen andererseits die Gelegenheit geben, sich einer Organisation anzuschliessen, aus der Isolation herauszutreten und sich selbst zu helfen. So steht denn das hundertste Heft auch für hundert Mal Hoffnung. Hundert Mal Nicht Ausgeschlossen Sein. Simone Burgherr erzählt in «Randstein-Storys» auf bewegende Weise von Träumen und Hoffnungen jener Menschen, die unsere Gesellschaft nur allzu oft ausgrenzt.

Dass Surprise funktionieren würde, zeigte sich, als wir Magazine in den Obdachlosenheimen zur Probe verteilten: Schon auf dem Weg zur Heftausgabe hatte ein zukünftiger Strassenverkäufer seine Hefte im Tram verkauft. Damit war erwiesen: Das ambitiöse Ziel, hohe inhaltliche Qualität – das Heft sollte ja keine Bettelvorlage sein – mit dem Gedanken der Selbsthilfe zu verbinden, war gelungen. Zu danken gilt es hierbei vor allem dem Arbeitslosenkomitee Basel. Nicht nur durch Infrastruktur und Vorschuss der Druckkosten half es mit, Surprise zu lancieren, wichtiger war die ideelle Unterstützung. Inzwischen nehmen jeden Monat durchschnittlich 150 Verkäuferinnen und Verkäufer das unbürokratische Angebot des Strassenmagazins an. Mit der hundertsten Nummer werden in der Schweiz eineinhalb Millionen Magazine umgesetzt sein, total 1500 Verkäuferinnen und Verkäufer werden einen Surprise-Verkaufspass getragen und bei Wind und Wetter unzählige Arbeitsstunden geleistet haben.

An die Organisation des Strassenmagazins sind die Anforderungen gestiegen. Immer mehr Menschen werden auf ein Abstellgeleis gestellt, ihnen fehlen Hoffnung und eine Herausforderung. Je mehr die staatlichen Institutionen Menschen zurückweisen, umso mehr wird Surprise gefordert, etwas für die Integration dieser Leute zu tun. Denn einfach vergessen können und wollen wir sie nicht. Umso wichtiger sind die Erfahrungen aus den anderen Ländern. Strassenzeitungen aus der ganzen Welt haben sich zum Internationalen Netzwerk der Strassenzeitungen (INSP) zusammengeschlossen und halten sich nicht nur an einen gemeinsamen Kodex, sondern tauschen Erfahrungen und Projekte aus.

Zum Schluss möchte ich allen, die unser Projekt unterstützt haben, ganz herzlich danken. Vor allem jenen Spendern und Stiftungen, die von Anfang an an das Projekt geglaubt haben. Deswegen ist es mir eine besondere Freude, Ihnen eine überraschende Lektüre der «Randstein-Storys» zu wünschen.

Michele Alvaro
Geschäftsführer Strassenmagazin Surprise GmbH

**«Als Kind wollte ich immer Popstar werden, vor die Leute stehen und singen und schreien und machen. Wenn ich Surprise ausrufe, komme ich mir oft vor wie ein Popstar. Du hast Aufmerksamkeit, spürst, dass die Leute dich wahrnehmen. So merkst du, dass du da bist. Das ist mir viel wert.»**

Peter H., Basel

# Bahnhofgespräche

Ein gewöhnlicher Dienstagnachmittag im Bahnhof Basel. Es ist halb fünf. Wie immer hockt der harte Kern der Surprise-Verkäufer im Buvette. Peter Gamma ist heute da, Urs und Lars. Vor einem Kaffee oder Cola plaudern sie über Kürbissuppe, Natels, die grosse Liebe. Surprise bedeutet für viele einen ersten Schritt aus der Einsamkeit: Hier begegnen sie Menschen, die ähnlich leben wie sie und denen sie nichts vormachen müssen. Man versteht einander ohne grosse Worte. Weil alle wissen, wie es ist, nichts zu haben und als niemand zu gelten. Es entstehen Freundschaften über Surprise hinaus. Manche sitzen bis spät in die Nacht zusammen. Um der Einsamkeit ihrer Wohnungen zu entkommen.

Vor kurzem wurde der Bahnhof in Basel total umgebaut und zum Shop Ville umfunktioniert. Steile Rolltreppen führen zu einer Shopping-Meile mit Kleiderboutiquen und Confiserien, Take Aways, Souvenirläden, Buchhandlungen und Discountern, die auch abends und an den Wochenenden offen haben. Wer nicht ins Bild vom properen Bahnhof passt, wird von der Securitrans, einer halbprivaten Sicherheitsfirma, mit teils rüden Methoden vertrieben. Jugendliche Abgestürzte und Punks mit ihren Ratten und Hunden verlagerten sich mehrheitlich vor den Coop vis à vis und versuchen hier ihr Bier zusammenzumischeln. Die älteren Alkis verzogen sich in den Untergrund, ins neue Café Velo, oder hocken im Buvette. Das ist ihr Stück Heimat – wie eh und je.

Das Buvette ist ein ungastlicher Ort zwischen Geleisen und Aufgang zur Passarelle. Aluminium-Tische mit speckig roten Tischtüchern, unbequeme Gartensessel und klapprige Holzstühle, von denen der Lack längst abgeblättert ist, stehen auf Papierservietten, Kaugummis und Zigarettenkippen. Selbst an windstillen Tagen bläst hier meist eine Bise, und andauernd rattern, rumpeln, quietschen Güterzüge vorbei und werden über Weichen ins Nirgendwo gespült. An einem der Tische redet ein schlaksiger junger Mann mit sich selbst. Er trägt eine Nickelrandbrille, sein wuscheliges Haar steht auf alle Seiten ab, die auffallend feingliedrigen Hände umklammern den Tisch, wie wenn er da den einzigen Halt finden würde. Gegenüber hocken drei Bauarbeiter und trinken nicht ihr erstes Bier. Sie nehmens gleich aus der Dose.

Im Buvette treffen sich auch die Surprise-Verkäufer. Jeden Nachmittag von vier bis halb sechs können sie hier neue Hefte beziehen, etwas trinken, miteinander reden. Meist macht Peter Gamma die Heftausgabe. Er schleppt den Korbwagen mit den Surprise hinter sich her, stellt ihn neben einen Stuhl, nimmt Platz und fingert ein zerknautschtes Päckchen Mary Long aus der Hemdtasche. Er sieht müde aus. «Ja, ja», grummelt er, zündet eine Zigarette an und raucht stumm vor sich hin. Aus dem Lautsprecher quäkt eine Frau irgendeine Zugverspätung. «Ja, ja», wiederholt Peter und scheint damit irgendwie alles zu meinen. Er bläst den Rauch steil in die Luft. Ivan nähert sich mit tänzelnden Schritten. «Hast du mir vier Surprise?», fragt er und legt einen Haufen Münz auf den Tisch. Er riecht nach Schweiss und ungewaschenen Kleidern. Während Peter das Geld nachzählt, tritt Ivan von einem Fuss auf den andern. Er ist um die zwanzig, hat braune Haare, die ihm weich auf die Schultern fallen, und schnell umherhuschende Augen. Ivan ist ein Einzelgänger. Nie setzt er sich zu den andern. Ist immer auf dem Sprung. Ivan mag mir auch nichts über sich erzählen, das, findet er, interessiere doch eh niemanden. Still und unbeachtet lebt er auf der Schattenseite der luxuriösen Gesellschaft vor sich hin. «Ich hoff, ich krieg die vier Hefte bald los, dann hol ich nachher noch acht», sagt er zu niemand Bestimmtem – und ist weg.

Unter den Bauarbeitern am Nebentisch ist Streit ausgebrochen. Ein Mann mit dunkeln Tränensäcken unter kleinen Augen und fettigem Haar, das ihm in der Stirn klebt, rückt empört von seinem Nachbarn ab.

«Du tust mir zuviel saufen, du. Geh mir von der Pelle, du, das sag ich dir. Mit dir will ich nicht mehr arbeiten, morgen red ich mit dem Chef.» Er bebt vor Erregung. «Leck mich doch, was geht dich das an», erwidert der Angesprochene und haut die Faust auf den Tisch. Er ist ein stämmiger junger Mann mit einer einst gebrochenen und nun schief zusammengewachsenen Nase. Auf seinen Oberarmen ringeln sich Schlangen, fauchen Drachen, erblühen Rosen. Er guckt seinen Widersacher abschätzig an und meint: «Was hast du mir denn zu sagen, glaub ja nicht, dass ich mir von dir was sagen lasse, ist doch wahr.» Der andere rückt noch ein Stück von ihm weg.

«He, nun seid mal friedlich, jeder soll doch leben, wie er will», versucht Urs den Streit zu schlichten. Er setzt sich zu uns an den Tisch und meint mit einer Kopfbewegung in Richtung der beiden Streithähne. «Mit denen ist es immer das Gleiche: Sobald sie einen sitzen haben, kriegen sie sich in die Wolle, und am nächsten Morgen ist alles wieder vergessen, dann arbeiten sie super zusammen.» Urs Saurer ist mittelgross, drahtig, hat wache blaugraue Augen und einen dicht gekrausten grauen Bart. Er trägt ein rotschwarz kariertes Flanellhemd, die Ärmel hochgekrempelt, und schwarze, staubbedeckte Jeans. «Zurzeit arbeite ich mit denen auf der Baustelle da hinten.» Er zeigt mit schmutziger Hand vage die Richtung.

«Und, wie hast dus gehabt in Arosa, in den Ferien?», wechselt Urs das Thema. «Tiptop. Wirklich alles tiptop. Das Essen tiptop.» Peter Gamma streicht sich über den Bauch, der wie eine Kugel auf seinem Schoss liegt. «Ich hab das ja beim Jassen gewonnen und musste nur hundert Franken selbst bezahlen. Da wärst du doch auch gegangen, gell», wendet er sich an mich, «eine ganze Woche für einen Hunderter. Ich wäre gern noch länger geblieben, aber eben, das Geld ... » – «Im Grunde dreht sich doch alles immer nur ums Geld», ruft einer vom Nebentisch herüber «Man meint, es ist dies, man meint, es ist das, aber es gibt nur zwei Sorten von Leuten: solche mit Geld und solche ohne Geld.» Er mustert sein Bierglas, in dem noch eine kleine gelbe Pfütze schwimmt, hebt es hoch und leert

**«Im Grunde dreht sich doch alles immer nur ums Geld», ruft einer vom Nebentisch herüber. «Man meint, es ist dies, man meint, es ist das, aber es gibt nur zwei Sorten von Leuten: solche mit Geld und solche ohne Geld.»**

den Rest mit theatralischer Geste auf den Boden. «Ich hab immer zu denen ohne Geld gehört, aber was solls, egal», er wankt zum Tresen, «solange es noch für ein Bier reicht. Man kann den Tag auch vor dem Abend loben.»

Beim Stichwort Geld ist Urs aufgestanden. «Das hätte ich jetzt glatt vergessen.» Er klaubt einen Scheck aus der hinteren Hosentasche. «Ich wollte noch auf die Bank, den einlösen.» Urs arbeitet zurzeit als Taglöhner. Für die Arbeit auf dem Bau erhält er 18 Franken in der Stunde. Nach den obligaten Abzügen bleiben ihm knapp 16.50. Der Lohn wird jeden Abend ausbezahlt. Momentan hat Urs seinen Job auf sicher, gewöhnlich aber ist es ungewiss, obs am nächsten Tag noch Arbeit gibt oder nicht. «Oppis sage», mischt Lars sich ein, der inzwischen dazugestossen ist, während Urs gemächlich zum Bahnhofausgang schlendert. Die Banken schliessen in sieben Minuten, doch Urs lässt sich nicht aus der Ruhe bringen. Er werde den Scheck sonst eben morgen einlösen, hatte er noch gemeint. «Ich ma nid schtresse, das bringt doch nüt.»

Lars packt Peter am Ärmel: «Oppis sage!» Er legt den Kopf schief, das rechte Ohr auf der linken Schulter, die Zungenspitze klebt im Mundwinkel. «Gjasst hesch?» Lars ist behindert. Bis er zehn, elf Jahre alt war, konnte er nicht reden, nicht laufen, nicht greifen. Die Ärzte machten

**«Sauerei! Das isch Sauerei, dass du nie chasch Ferie. Sauerei!» Lars kneift die Augen hinter seinen dicken Brillengläsern zu empörten Schlitzen zusammen. Einen Moment blickt er ratlos umher, dann verzieht er das runde Gesicht zu einem verschmitzten Lächeln: «Ich möcht verchaufe ganz viil Heftli, wege susch i ha au kai Geld und denn ich bi truurig, wege wenn ich ha Geld, ich cha mit Peter zämme Ferie, ich zahle.»**

den Eltern wenig Hoffnung, doch sie gaben nie auf. Heute arbeitet Lars in einer geschützten Werkstatt und verkauft daneben Surprise. Das Buvette ist für ihn Heimat, hier fühlt er sich wohl. Weil er gemocht wird. Weil die andern ihn nehmen, wie er ist. Das ist längst nicht immer der Fall. Die Welt tut sich bekanntlich schwer mit einem, der anders ist.

«Mhhhm», nickt Peter. «Ich machte an einem Turnier Fünfter, und da hab ich Arosa gewonnen. Sonst könnte ich mir doch nie Ferien leisten. Mit dem, was ich krieg ... das kannst du glatt vergessen.» Bis letzten Sommer lebte Peter von der Sozialhilfe, jetzt hat er die IV und erhält 2 200 Franken Ehepaar-Rente, 600 Ergänzungsleistungen und 600 Alimente – für sich, seine Frau und deren Sohn. «Du läbsch dermit, aber nid meh. Das isch scho e bitz deprimierend. Es isch no verruckt.» Lars verschluckt sich fast an seiner Cola Light. «Sauerei! Das isch Sauerei, dass du nie chasch Ferie. Sauerei!» Er kneift die Augen hinter den dicken Brillengläsern zu empörten Schlitzen zusammen. Einen Moment blickt er ratlos umher, dann verzieht er das runde Gesicht zu einem verschmitzten Lächeln, legt seinen Arm um mich und sagt: «Ich möcht verchaufe ganz viil Heftli, wege susch i ha au kai Geld und denn ich bi truurig, wege wenn ich ha Geld, ich cha mit Peter zämme Ferie, ich zahle.» Er lacht glücklich über seine Idee und blättert aufgeregt das Magazin durch. «Do isch Lars.» In diesem Surprise ist ein Porträt über ihn drin. Lars musste lange darauf warten und scheint es noch nicht recht gefasst zu haben. «Frau het gseit, do isch Lars, und het mi Cola Light iiglaade.»

Peter hat inzwischen einen blauen Zettel aus der Hemdtasche gefummelt und versucht ihn mit seiner schweren, breiten Hand einigermassen glatt zu streichen. Vorher hatte er erzählt, Urs habe ihm gestern den Keller geräumt, und dabei sei sein Handörgeli aufgetaucht. «Ich hab nicht mal mehr gewusst, dass ich das noch hab.» Früher habe er viel gespielt, sagt Peter, und lässt seine auffallend feingliedrigen Finger in der Luft tanzen und zu einem imaginären Tanz aufspielen. An diesem Handörgeli hängen zahllose Erinnerungen: «I ha grad miesse a mini beschte Süferzyte dängge. Wenn i wider emol kai Geld ha gha, do han ichs Handörgeli fiiregno und uifgschpilt und es paar Fränkli übercho für mini Bier und ha de Lyt no e Froid gmacht eso.» Wenn Peter davon erzählt, leuchten seine braunen Augen und er kommt fast ein wenig ins Schwärmen. «Das sin scho oi scheeni Zyte gsi – aber das isch jetzt verby.» Zwanzig Jahre lang war Peter Alkoholiker, seit acht Jahren ist er trocken. Seine Hand versucht noch immer den blauen Zettel zu glätten, während er erzählt, wie er unlängst mal wieder ein Panache trinken wollte. «Das isch denn gopferdelli gruusig gsi. Gruusig. Wie ich dä Seich friener nur ha chönne trinke. Gruusig.» Gedankenverloren zeich-

net er mit dem Zeigefinger Linien auf den Zettel. Für einen Moment wirkt er völlig abwesend, ganz in den Erinnerungen versunken. Dann richtet er sich im Stuhl auf und meint übergangslos: «Das ist die Rangliste von Arosa. Schau ...», er zeigt mit dem abgekauten Fingernagel auf den Donnerstag. «Da war ich noch sehr gut unterwegs, und von da an gings abwärts. Die letzten zwei Tage musste ich mit Frauen spielen, die keine Ahnung hatten vom Jassen, null. Ich wurde Achter von 25, das ist schon ein rechtes Resultat, aber gewonnen hab ich diesmal nichts. Weisst du, ich gewinne fast jedes Jahr mal Ferien und dann noch Früchtekörbe oder Speckseiten oder Gutscheine vom Coop oder der Migros oder von Manor, alles in allem für sicher 1 500 Franken, die gebe ich dann der Frau und die kann mal wieder etwas Gutes zum Essen kaufen oder für sich was Schönes. Sie soll auch mal etwas haben. Die muss ja fast noch mehr verzichten als ich. Ich hab irgendwie trotzdem alles. Ich cha go jasse, ich cha go ... jasse, ich cha ... äh ... dieses und jenes. Ich geh jede Woche sicher ein bis zwei Mal jassen. Ich bin ja auch mal Schweizermeister geworden, weisst du. Ich glaub, darauf kann ich schon stolz sein, oder?» Er schaut mich fragend an. Den Artikel, den ich damals in Surprise darüber geschrieben hatte, trug er noch wochenlang mit sich herum. «Ich konnte ja jassen, bevor ich lesen konnte. Daheim musste ich immer einspringen, wenn einer fehlte. Das het mer scheen guet gfalle.» Er lehnt sich im Stuhl zurück und zündet sich mit der Kippe eine neue Zigarette an. Peter raucht drei Päckchen am Tag. Wenn der Preis jetzt nochmals raufgehe, meint er, werde er aufhören mit Rauchen. Das hatte er die beiden letzten Male auch gesagt. «Willst du auch eine?» Ich nicke und lasse mir von ihm Feuer geben. «Und du, Lars, willst du auch, Schnuggiputzeli?» Peter streckt ihm das Päckchen hin. Lars grinst: «Schpassvogel. Du bisch Schpassvogel.» – «Sälber Schpassvogel. Määääähhhh», gibt Peter zurück. «Määh» versucht Lars ihn zu imitieren. Das gehört zu ihren Witzen.

Lars hat die ganze Zeit still zugehört. Eine Seltenheit bei ihm. Er braucht Aufmerksamkeit und fordert sie auch ein. Wenn er jemanden ins Herz geschlossen hat, ist er überaus anhänglich. Er spürt, wer ihn mag, und den mag er ebenfalls. Das sagt und zeigt er auch. «Du bisch nätt» oder «I ha di lieb», versichert er dann immer wieder und drückt einen unbeholfen an sich. Lars ist ein herzensguter Mensch. Rücksichtslosigkeit, Egoismus, Konkurrenzkämpfe sind ihm fremd. Und auch gleichgültig. «Oppis sage», verlangt er nun. «Chan ich emol mit cho Jasse?» – «Mhhm. Aber nur zum Zuschauen. Wann willst du? Am nächsten Freitag wäre Coiffeurmatch in Kleinhüningen.» – «Da musst du von Bahnhof mit Acht, Tram Acht fahren – bis letzte Station», erklärt Lars eifrig. «Ich weiss das. BLT und BVB ich weiss immer alles.» Mit dem Tram stundenlang durch die Region fahren oder einfach den Zug nehmen nach Zürich oder Luzern, ohne Ziel, ohne Absicht – das gehört zu den kleinen Freiheiten von Lars. Die er sich mühsam erobern musste und muss. Immer mehr und neue. «Also, kommst du am Freitag?», will Peter wissen. «Um sieben hier im Buvette, dann können wir zusammen fahren.» – «Jo, little Darling», grinst Lars und klopft mit der Hand fröhlich einen nur für ihn erkennbaren Rhythmus aufs rote Tischtuch.

«Na, Jungs, wollt ihr Kuchen?» Eine kleine, rundliche Frau tritt an den Tisch. Sie trägt einen Jupe und eine weisse Bluse unter einer blauen Strickjacke. Die langen grauen Haare sind zu einem Zopf geflochten. Ihre Augen funkeln warm, sie strahlt etwas Mütterliches aus. «Jaaaa!» rufen Peter und Lars im Chor. Lars leckt sich mit der Zunge über die Lippen. «Chueche ha.» Ines von der Bahnhofhilfe kommt oft vorbei und bringt Torten oder Kuchen mit, die die Confiserie Sprüngli aus irgendwelchen Gründen nicht mehr an zahlende Kundschaft verkaufen kann. Peter öffnet den Karton. «Mhhm, fein, Früchtetorte.» Er holt im Buvette Teller, Löffel und ein Messer. «Ich grosses Stück, ich Hunger», verlangt Lars.

Peter Gamma, 48, ist «Mister Surprise». In Basel ist er eine Institution. Er ist von allen Verkäufern am längsten mit dabei, fast seit den Anfängen. Peter hat noch einen grossen Traum im Leben: «Ich möchte einmal nach Amerika reisen, das muss ein hervorragendes Land sein. Wenn möglich, würde ich fünf bis sechs Wochen gehen. Ich möchte einfach mal sehen, ob es wirklich so gross ist.»

Urs kommt zurück. Die Bank war bereits geschlossen. Dann eben morgen, meint Urs schulterzuckend, «für heute langt der Stutz noch gut». – «Jo zahlsch es Käffeli fir zem Chueche?», fragt Peter. «Klar, wenn du jetzt dann sowieso kein Geld mehr bekommst von der Surprise.» Peter hat sich heute Morgen wegen irgendwas bei Surprise so genervt, dass er den Bettel hinschmeissen will. «He nei, das mit em Kaffi isch nur Schpass gsi.» – «Momoll, chumm, ich zahle eis. Was weit ihr?» Während Urs Kaffee, Tee für Ines und Cola Light für Lars holt, ärgert Peter sich noch einmal über den Vorfall bei Surprise. «Ich mach das nicht mehr mit, dann komm ich halt wieder in Schulden, aber das ist mir egal, gopferdelli. Das ist reine Ausnützerei, was da läuft, der Hässig hat auch gesagt, er habe die Nase voll. Und wenn wir zwei aufhören, dann sollen sie mal sehen, wer die Ausgabe am Bahnhof und den Versand und all das macht. Da setzt du dich jahrelang ein und dann so was. Das isch doch aschgrau, gschpunne isch das. E Schissdrägg.» Er drückt erbost die Zigarettenkippe aus und wirft sie auf den Boden, als wäre sie jemand von Surprise. (Am nächsten Tag wird sich herausstellen, dass alles auf einem Missverständnis beruht.) Peter ist von allen Verkäufern am längsten mit dabei. Fast seit dem Anfang. Surprise liegt ihm am Herzen. Dank Surprise, sagt er oft, sei er bis jetzt trocken geblieben.

Bedächtig stellt Urs das Tablett auf den Tisch und verteilt eine Tasse nach der andern. Umständlich schraubt Lars am Petverschluss, immer wieder rutscht er mit seinen steifen Fingern ab, endlich hat er den Deckel gegriffen, muss aber die Flasche zentimeternahe vor die dicken Brillengläser halten, um zu wissen, wie er schrauben soll. Urs nimmt die Sache in die Hand. «Soll ich der grad iischeiche?», fragt er in seinem breiten Berndeutsch. Lars nickt. Von Menschen, die er mag, nimmt er gern Hilfe an, und für diese ist es selbstverständlich, ihm zu helfen. Während Urs das Glas von Lars füllt, starrt Peter in meine Tasse. «Herrgott», ruft er verblüfft und guckt noch einmal. «Gid das nid meh. Das isch jo Abzockerei. Es Espressöli.» Ines verteilt die Kuchenstücke. Für eine Weile sagt niemand was. «Lars, gell, jetzt ist das Porträt über dich drin», durchbricht Ines die Stille. Er reagiert nicht. Stoisch zermalmt er einen grossen Bissen nach dem andern und macht ein vergnügtes Gesicht. «Lars, ich hab über dich gelesen.» Keine Reaktion. Wenn Lars am Essen ist, lässt er sich von nichts und niemandem davon abbringen, nimmt oft gar nicht wahr, was um ihn herum passiert. Beim Essen ist er im Einklang mit der Welt. «Chan ich meh Chueche ha?», fragt er. «Wart mal, vielleicht kommt noch jemand», sagt Ines. «Okay, Baby», grinst Lars. «Anderi au gärn Chueche, nid nur Lars.» Ines bringt ihm eine Serviette, damit er sich den Mund abwischen kann. «Fahren wir heute zusammen heim», fragt sie? Beide wohnen im selben Vorort von Basel. «Nei», schüttelt Lars den Kopf. «Ich gange no Pfadi. Schpöter.» Lars unternimmt in seiner Freizeit so viel wie möglich. Bei der Arbeit in der Behinderten-Institution, wo er irgendwas mit Holzteilen machen muss, fühlt er sich unterfordert. Er würde gern als Tramchauffeur arbeiten oder mit Computern. Schon als Bub war er fasziniert von elektronischen Geräten. Nahm sie auseinander, setzte sie wieder zusammen, konnte stundenlang daran herumbasteln, um herauszufinden, wie sie funktionieren und warum. Heute gibt es kaum ein Computerproblem, das er nicht lösen könnte. Lars redet selten über seine Träume. Denn dann wird ihm seine Behinderung bewusst. Das belastet. Er ahnt, dass sich viele seiner Träume nicht erfüllen können. Das tut weh. Wenn er wieder an eine Grenze stösst, meint Lars zwar: «Nid so schlimm.» Doch es klingt traurig. Träume kennen keine behindernden Grenzen.

Mit einem erleichterten Seufzer nimmt Urs einen Schluck Kaffee. «Puh», ächzt er, «das ist meine erste ruhige Minute heute, ich bin erledigt, es war ein harter Tag.» Seit Jahren schlägt Urs sich mit Gelegenheitsjobs durch. «Man findet immer was zu tun, wenn man will», ist er überzeugt. «Du darfst halt nicht wählerisch sein und musst dich unheimlich anpassen.» Er lehnt sich im Stuhl zurück. «Ich hab schon alles gemacht und es gibt nichts, was ich nicht machen würde.» Urs hat

am Hafen gearbeitet, als Dachdecker, Elektriker, Maurer, Hilfsarbeiter, er hat gezügelt, geputzt, schmutzige Wäsche sortiert, war auf Montage, machte Flohmarkt, reparierte alte Velos oder Mofas, die er weiter verhökerte. «So chumm i immer irgendwie dure», sagt er. Zurzeit arbeitet Urs neun bis zehn Stunden am Tag auf dem Bau, oft sechs Tage die Woche, abends verkauft er meist noch ein, zwei Stunden Surprise. Zur Abwechslung, wie er sagt, und weil «ichs Gäld halt au nid uf de Hüüfe ha. Ich weiss jo nie, was iinechunnt.» Wie viel er im Monat im Schnitt ungefähr verdient, kann Urs nicht sagen, es scheint ihn auch nicht zu interessieren. «Ich habs noch nie ausgerechnet», meint er auf meine Frage lapidar. «Solange es reicht und ich nicht jeden Franken zwei Mal umdrehen muss ... Wichtiger ist mir, dass ich immer was zu tun habe. Ich muss etwas machen, ich brauche das, daheim hocken, das kann ich nicht, es muss immer irgendwas laufen. Das ist manchmal ein Seich bei der ‹Saga›, dieser Taglöhnerei, wo ich meist arbeite: Da kommst du am Morgen und dann hat es keinen Job. Das ist schon ein Seich.» Nächsten Monat wird Urs im Kantonsspital Wäsche sortieren. Das stelle er sich nicht so toll vor, meint er, «aber es isch e Arbet und es isch eis e Abwechslig». Ich frage ihn, ob es nicht belastend sei, nie zu wissen, ob er Arbeit finden und ob er finanziell durchkommen werde. «Was?» Urs schaut verblüfft drein. Diese Frage ergibt für ihn keinen Sinn. «Dann mache ich eben wieder ...», meint er. «Oppis sage», unterbricht Lars. Ja? «Adie zämme.» Er gibt allen zum Abschied die Hand und steht einen Moment verloren vor dem Tisch, verabschiedet sich noch einmal – und setzt sich wieder.

Eine zierliche Frau kommt mit ausgreifenden Schritten an unseren Tisch. Sie ist ganz in Schwarz gekleidet, nur ihre Haare leuchten blau. Über der rechten Schulter trägt sie einen Rucksack, über der linken den Gitarrenkoffer und in der Hand eine grosse Bierdose. «Hoi Katrin», wird sie von Peter begrüsst. Sie lässt sich auf den Stuhl fallen, murmelt etwas von eigentlich habe sie keine Zeit, nestelt am Rucksack herum, bei dem ein Träger fast abfällt. «Wenn du willst, kannst du später runterkommen, das können wir sicher flicken», bietet Ines an und macht sich auf zum Gehen. «Mal schauen», meint Katrin. Ihre Begeisterung ob diesem Angebot hält sich in Grenzen. Katrin ist keine Schönheit, strahlt aber etwas aus, das einen fasziniert und einnimmt. «Puh», stöhnt sie. «Jetzt hab ich zwei Stunden Gitarre gespielt – und was hab ich? Acht Franken. Die langten gerade fürs Bier und Zigis. Das ist voll beschissen, am liebsten ginge ich heim, aber das kann ich mir nicht leisten, ich muss einfach meinen Zwanziger machen, egal wie, egal wie lange ich noch rumsteh. Was für eine Wahl hab ich denn?» Sie guckt herausfordernd in die Runde, ohne eine Antwort zu erwarten. «Und dann heissts immer, du bist selber schuld, du musst dir dein Geld besser einteilen, und was nimmst du denn Drogen.» Sie stampft mit dem Fuss auf den Boden. Ihre schmalen Schultern beben vor Verärgerung. «Schuld, schuld, was ist das schon, das ist eine schwierige Sache. Und davon kann ich mir auch nichts kaufen.» Ihr Blick fällt auf den Kuchen. Urs reicht ihr wortlos einen Teller, und sie schlingt das Stück runter, wie wenn sie seit Tagen nichts mehr gegessen hätte. «Süsses, das kann ich immer essen, das liebe ich», sprudelt sie hervor, springt auf, packt Rucksack, Gitarre und Bier. Sie war nicht mal zehn Minuten hier. Vielleicht hole sie später, so gegen sieben, noch drei, vier Surprise, wenn sie mit Gitarrenspielen genug Geld mache, ob er dann noch da sei und ihr geben könne, fragt sie Urs. «Momoll, chumm eifach verbi, i bi obe oder in der Buvette», nickt er – obwohl es eigentlich verboten wäre, andern Verkäufern Hefte zu geben. Doch für Katrin macht Urs eine Ausnahme. «Die braucht das Geld. Da kann ich ja nicht so sein. Sie lebt jetzt wirklich von der Hand in den Mund. Das könnte ich nicht.»

Urs gehört zu den Menschen, die immer irgendwas am Laufen haben. Er hat jene Pläne und Ideen, wie er zu Geld kommen kann. «Jetzt will ich dann mit einem Kollegen einen Stand machen, auf dem neuen Markt da, hinter dem Bahnhof», erzählt er von seinem neusten Vorhaben. «Wisst ihr, was wir anbieten wollen? ... Selbst gemachte Kürbissuppe. Zuerst wollte ich mit Bratwürsten, aber da hats schon zwei, und du musst einander ja nicht kaputtmachen. Der Marktchef hat mir gesagt, Gemüsezeug habe es kaum, so kam ich auf die Idee mit den Kürbissen. Die Suppe müssen wir natürlich daheim vorkochen und sie fix fertig mitbringen und auf einem Rechaud aufwärmen. Gestern war ich bei meiner Tante im Jura und hab noch Rezepte geholt, ich glaub, ich werde das nehmen von dieser ... äh ... Betty Bossi ... oder wie heisst die?» – «Kürbissuppe ist nicht so mein Ding», wirft Peter ein, «meinst du, das läuft?» – «Momoll, die Leute wollen so was, weisch wie fein, selbst gemachte Suppe.» Peter ist nicht überzeugt. «Wie viel willst du denn heuschen für so eine Suppe?» – «Preismässig? Ich weiss nicht. Also für den Stand bezahlen wir zwölf Franken für den Quadratmeter und acht brauchen wir sicher, das ist schon mal ein Hunderter, und dann kommen noch all die Zutaten, ich mein, das kostet auch. Unsere Arbeit rechne ich am Anfang mal nicht. Ich denk, also, so fünf Franken werden es schon sein. Wenn ich noch ein Stück Brot dazu gebe, und das gehört, finde ich, zu einer Suppe, dann bin ich mit fünf Franken gut drin. Oder? An so einem Markt darfst du preismässig schon nicht zu hoch rein. Gestern hab ich noch mit dem Koch vom Brüggli geredet, die Rezepte sind ja nur für vier bis sechs Personen, und es ist natürlich was anderes, wenn du so eine Menge kochst. Der hat mir ein paar gute Tipps gegeben, zum Beispiel, statt Schlagrahm Kaffeerahm zu nehmen, damit wird die Suppe ein bisschen sämiger, aber genauso gut, und preismässig ist das ein rechter

Unterschied. Ich darf den Rahm nur nicht daheim reintun, sonst wird die Suppe sauer, ich geb dann einfach einen Gutsch oder zwei in jeden Teller. Und den Rapskäse stell ich auf den Tisch, so kann jeder nehmen, was er will. Mit dem Knoblauch muss ich auch aufpassen, wenn da zu viel drin ist, übertüncht es den ganzen Geschmack und wenn ich die Suppe mit Bouillon aufkoche, darf die auch nicht zu stark sein, sonst überzieht die alles – tschau Hans, wie hats dich? ...» Allgemeines Händeschütteln hin und her.

Hans setzt sich an den Tisch. Er läuft Sommer wie Winter in einer Lederjacke herum. Heute trägt er darunter ein weisses Hemd und schwarze Hosen. «Stör ich», fragt er und zwirbelt den Schnurrbart. Hans ist jeden Tag im Buvette. Da hat er seine Kumpels. Jede Woche debattiert er mindestens eine Stunde lang, ob er anfangen solle, Surprise zu verkaufen oder doch nicht. Er wird es nie tun. Hans gehört zu den Menschen, die zufrieden sind damit, von der Sozialhilfe zu leben. «Das mit dieser Suppe, das ist eine halbe Wissenschaft», nimmt Urs den Faden wieder auf. «Kürbis ist enorm heikel, der verliert so schnell den Geschmack.» – «Wie viel willst du denn machen, etwa fünf Liter?», erkundigt sich Peter. «Fünfzig.» – «Was? Fünfzig? Wahnsinn.» – «Das braucht es schon. Ich nehm diese hohen Teller, das sieht nach mehr aus, die fassen sicher zweieinhalb Dezi, dann macht das, wart mal ... äh ... 200 Portionen. Wenn etwas übrig bleibt, kann ich das immer noch an Kollegen verschenken. Ich muss einfach hitzefeste Teller nehmen, hat der Koch gesagt, sonst schmilzt das Zeug. Das ist alles schon passiert.» – «Dann brauchst du wenigstens keinen Rapskäse mehr», grinst Hans.

«Wenn die Kürbissaison vorbei ist, wisst ihr, was ich dann machen werde? ... Raclette. Mit diesem Abstreichding. Das läuft immer.» – «Mhhm, fein, Raclette, da komm ich dann auch mal essen, das hab ich viel lieber als so Suppenzeug.» Peter klopft sich auf den Bauch. «Die Frau könnte wieder einmal Raclette machen», kommt ihm in den Sinn, «das wär was für morgen, ich ruf sie gleich an.» Er zieht das Handy aus der Tasche. «Schön, gell, das hab ich mir ganz neu gekauft, ein Nokia, ist doch gut, schau, das hat sogar eine Kamera.» Er drückt ein paar Tasten, kommt auf einen falschen Knopf und hat das rote Tischtuch mit der Hand von Lars fotografiert. «Wart, das kann man löschen.» Peter versucht es eine Minute lang, dann gibt er auf. «Chasch du Handy gä?»,

verlangt Lars, der noch immer hier ist, obwohl er sich in der Zwischenzeit nochmals verabschiedet hatte. Er hält es dicht vor seine Brille, kneift das linke Auge zusammen und drückt dann zwei Tasten. «Lars gelöscht», meint er zufrieden. «Jo gopferdelli, wie hesch du das gmacht?» Peter ist baff. Lars zeigt es ihm, Peter schiesst ein neues Foto, doch mit dem Löschen klappt es wieder nicht. Lars muss es ihm noch zweimal zeigen. Er sagt: «Ich ha au wölle neus Natel chaufe, gliches wie Peter, aber ich ha nid chönne, weil ich au Name vo mim Mami uf Vertrag. Ich sage mim Mami, neus Natel chaufe und nüme mi Name druf näh. Ich tue nüme viil ume telefoniere. Das ich ha lescht Mol gmacht.» Urs will wissen, was so ein Natel koste, er werde sich bei Gelegenheit auch ein Neues zutun müssen. «Nur ein Stutz», sagt Peter. «Das ist ganz schön billig, gell?»

«Dafür muss ich nicht viel Raclette verkaufen», grinst Urs. «Mit Raclette kannst du recht Stutz machen. Du hast ja keinen Verlust, der Käse geht nicht kaputt. Und mein Bruder macht selbst Alpkäse, der gibt mir das Kilo für 18 Franken, da ...» – «Könntest du mir auch mal wieder ein

**Seit Jahren schlägt Urs sich mit Gelegenheitsjobs durch. «Man findet immer was zu tun, wenn man will», ist er überzeugt. «Du darfst halt nicht wählerisch sein und musst dich unheimlich anpassen.» Er lehnt sich im Stuhl zurück. «Ich hab schon alles gemacht, es gibt nichts, was ich nicht machen würde.»**

Kilo mitbringen», erkundigt sich Peter, der die Idee von wegen seine Frau anrufen vergessen hat. «Der ist nämlich saufein.» Urs nickt. «Oder weisst du was, gehen auch gleich zwei Kilo.» – «Kein Problem.» Urs grabt in den tiefen Taschen seiner orangen Arbeitsjacke nach Zettel und Stift, setzt sich die Brille auf, ein Teil mit dickem schwarzem Horngestell, und notiert die Bestellung mit ungelenken, nach rechts geneigten Buchstaben. Peter langt in den linken Hosensack, wo er immer sein Geld verstaut, es finden sich aber bloss ein Zehner und etwas Münz. «Kann ich bezahlen, wenn du mir den Käse bringst?» – «Kein Problem.» – «Aber ich muss jetzt trotzdem noch Surprise verkaufen, ein bisschen Geld machen», meint Peter, hievt sich aus dem Stuhl und setzt sich ächzend wieder. «Puhhh, ich hab so keine Lust, ich mag einfach nicht, ich bin total müde. Meine Schwester hat mich heute Morgen schon um zehn angerufen, und danach konnte ich nicht mehr schlafen.» Gewöhnlich steht Peter so um ein, zwei Uhr mittags auf, isst was, verkauft dann etwa eine Stunde Surprise, macht ab vier die Heftausgabe und verkauft ab halb sechs nochmals ein, zwei Stunden – bis er jassen oder mit Hässig oder Urs essen geht. Peter ist zwar seit gut vier Jahren verheiratet, lebt aber noch immer fast wie ein Single. Gegen elf ist er daheim, raucht noch zwei, drei Zigis, und dann liegt er wieder im Bett.

Peter muss starke Antidepressiva nehmen. Die, vermutet er, machen ihn so schlapp. Doch sie helfen. Früher war er jedes Jahr vier bis sechs Wochen in der Psychiatrischen Klinik. Jetzt seit zweieinhalb Jahren nicht mehr. Seine Depressionen hat er einmal so beschrieben: «Denn weiss i nimme hintersi no virsi, i wurg alles in mi iine, mag nimme rede. Das isch schlimm, ganz schlimm, denn draiht sich alles, aber es isch nur Leeri in mir inne, wo sich draiht und draiht.» Peter spricht sowieso nicht gross von sich, seine Gedanken und Gefühle behält er für sich. Überspielt sie oft mit aufgesetzten Albernheiten. Nur Urs erzählt er manchmal, wie es in ihm drin aussieht. Urs ist sein bester Freund. Ihm vertraut er, auch wenn Urs, wie er selbst einmal meinte, «Peter nicht helfen kann. Ich kann höchstens sagen, was ich machen würde. Aber ich glaube, Peter braucht vor allem jemanden, der ihm zuhört und nicht immer alles besser weiss.»

«Jetzt muss ich aber wirklich noch verkaufen», seufzt Peter. «Meine Mutter und meine Schwester kommen morgen zu Besuch, darum hat sie mich ja angerufen. Wir wollen essen gehen und dann in den Zoo, da

Urs Saurer, 46, ist ein absoluter Naturfreak. Ein Wochenende ohne Bergläufe, Marathons oder lange Spaziergänge gibt es für ihn nicht. «Ich brauche das wie die Luft zum Leben, so kann ich am Besten von der ganzen Alltagshektik abschalten», sagt der Bauernsohn aus Ringoldswil, einem kleinen Weiler oberhalb des Thunersees, der aber schon seit über einem Jahrzehnt in Basel lebt. Sein Ziel bei jedem Wettkampf: «Ich will durchkommen. Das Wort ‹aufgeben› existiert für mich nicht.»

brauch ich Geld. Wenn ich nur nicht so erledigt wäre ...» Urs schiebt wortlos einen Fünfziger über den Tisch. «Aber das kann ...» – «Nichts da.» – «Urs ist immer total hilfsbereit und grosszügig», erklärt mir Peter. «Er kümmert sich um andere. Und wenn irgendwas Unrechtes passiert, setzt er sich voll ein.» Urs hört das nicht gern. «Wönd er no es Käffeli?», weicht er aus. Nachdem er die zweite Runde bezahlt hat, starrt er auf die Geleise, die sich irgendwo im Nirgendwo verlieren, und meint nach langem Schweigen fast trotzig: «Jo, ich bi halt eso, das han i scho immer eso gha, i cha mi jo au nid chere.» – «Oppis sage», meldet sich Lars wieder: «Adie zämme.» Diesmal geht er endgültig. «Weisst du, meine Mutter ist im Moment im Spital», erzählt Peter Urs, «sie wartet auf einen Platz im Pflegeheim.» – «Aber sie ist doch noch jung. Und sie war noch tiptop zwäg, als ich sie das letzte Mal sah.» – «Ja, sie ist erst 68. Das ging schnell. Sie ist im Kopf halt nicht mehr gut, hat alles vernachlässigt, nicht mehr zu sich geschaut und so. Sie hat sogar vergessen zu essen.» – «Das tut mir Leid.» – «Es ist nun mal so, da kann man nichts machen.»

Peters Mutter wohnt im tiefsten Urnertal, in einem dieser Dörfer, wo die Berge nur über Mittag ein paar Sonnenstrahlen durchlassen. Da ist Peter aufgewachsen. Er ist der Älteste von fünf Kindern. Drei seiner Geschwister leben immer noch im Tal, Peter sagt, er könnte nicht mehr zurück, die Berge würden ihn erdrücken. Urs hatte ihn vor mehr als zehn Jahren zur Fasnacht nach Basel eingeladen – und Peter war hängen geblieben. Das war zu seinen Säuferzeiten. Auch Urs war damals recht trinkfreudig. «Mir hän mänge duregäh, weisch no», sinniert Peter, und wieder bekommt seine Stimme diesen schwärmerischen Unterton. Obwohl er immer wieder betont, dieses Kapitel sei für ihn abgeschlossen, und er sei froh darüber. «Jo, jo», erwidert Urs grinsend. «Mir hei e mängsmool de Heiwäg nümme gfunde. S trunke Elend.» Peter war damals einige Monate obdachlos und schlief im St. Johannspark oder im Tramhäuschen am Aeschenplatz. «Hüt möcht is nimme ha, aber i weis oi nid misse.» Später lebte er im Obdachlosenheim in Birsfelden – bis er sich aufrappelte, den Alkoholentzug machte und wieder eine eigene Wohnung fand. Es war der siebzehnte oder zwanzigste Entzug, irgendwann hat Peter aufgehört zu zählen. Auf die Frage, warum er es noch einmal versucht habe, meint er nur: «Eifach so.» Er stochert mit dem Zeigefinger in den Zähnen und wendet sich dabei ab. «Ich ha glich no es bitz a mi gloibt, weisch. Ich ha eifach es anders Läbe welle. Gseit: So, jetzt wott i das Ziig nimme, wott nimme uf em Bänggli schloofe.» Seither sei er trocken. Seit fast acht Jahren. «Zwanzig Johr gsoffe und päng, fertig, das isch no verruggt. Ich bi scho froh, dass das umme isch. Früener ischs Läbe eifach so a mer verbiiglaufe, jetzt läb ich selber. Und du wirsch vo de Liit au meh reschpektiert, das isch mer wichtig.» Peter schweigt. Gedankenverloren ritzt er mit dem Fingernagel etwas aufs Tischtuch, das einer Landkarte ähnelt. «Jo, das isch mis Läbe», meint er. Umständlich zieht er die Jacke über und verabschiedet sich: «So, ich muess, jetzt chann ich doch no go jasse.»

Es ist fast sieben Uhr und frisch geworden. Wir sitzen als einzige noch draussen vor den Geleisen. Im Buvette drin hat sich um diese Zeit der harte Kern der Alkis mit den Feierabendtrinkern vermischt. Einige dösen vor sich hin, den schweren Kopf auf die Arme gelegt. Ganz hinten in der Ecke hockt ein kleiner dürrer Mann mit gelblicher Haut und grauen, schulterlangen Haaren, die er mit einem Gummi zu einem Rossschwanz zusammengebunden hat, und erzählt allen, die es wissen wollen oder auch nicht, wie er einmal ein Grosser an der Börse gewesen war. «Und dann haben mich die Haie gefressen, die haben mich einfach gefressen», wiederholt er eins übers andere Mal und nimmt nach jedem Satz einen Schluck aus der Bierdose. «Du warst doch selbst einer von denen, und da hat es dir auch nix ausgemacht, andere zu fressen», wirft einer ein. «Der Mensch ist des Menschen Untergang.» Der Angesprochene verstummt indigniert. Die Luft im Bistro steht vor Rauch, es riecht nach Schweiss und Sorgen. Unter einem der Tische liegt ein Rottweiler. Sein Besitzer, ein massiger Typ mit schmierigem Grinsen, lässt immer wieder einen Brocken von seinen Wienerli runterfallen, der Hund schnappt gierig danach. «Das ist der Fido, der ist ein ganz Braver», erklärt mir der Mann und tätschelt dem Hund das Hinterteil. Urs begrüsst derweil seine Kollegen, er kennt fast alle hier, wechselt mit dem ein paar Worte, bleibt da kurz stehen und hört zu. «Den Fido hab ich seit acht Jahren, der hat nur mich», sagt der Typ. Er packt den Hund am Kopf, legt seine Nase auf dessen Schnauze und küsst ihn ab. «Und ich hab nur ihn.» Ein Besoffener torkelt auf uns zu und murmelt etwas von schöner Frau und er wolle ja nur reden, nur ein bisschen reden, «die Einsamkeit ist wie eine Krake». Dann lässt er sich auf einen Stuhl plumpsen und pennt fast sofort ein.

«Gehen wir woanders hin», meint Urs. Es ist mehr eine Feststellung als eine Frage. Wir brechen auf. Er müsse nur noch kurz Fredy anrufen, den treffe er gewöhnlich hier im Buvette. Fredy jobbe mit ihm auf dem Bau, gehe danach aber meist erst heim «und kommt so gegen halb acht und wir nehmen noch das eine oder andere Bier». Mit Fredy arbeite er gern zusammen, meint Urs. Mit dem andern von der ‹Saga› habe er ein bisschen Probleme, weil der immer alles schnell und flüchtig machen wolle. «Ich finde, wenn du etwas machst, dann doch richtig, nicht so oberflächlich. Wenn du von vornherein siehst, dass es nicht gut wird, kannst du doch keine Freude an der Arbeit haben, so scheisst es mich an.» In der Bahnhofhalle steht ein Stand mit Büchern. Urs will einen Blick drauf werfen, wie die das machen und wie es läuft. Dieses Jahr gebe es hier das erste Mal einen Weihnachtsmarkt, weiss er, «vielleicht mach ich da auch mit. Da könntest du bestimmt gut Geld verdienen.» Sicher sei es schwierig, meint Urs im Weiterlaufen, manchmal wolle er eine Arbeit allzu gut machen und komme am Ende unter Zeitdruck. «Denn muesch au schnäll schnäll mache und bisch au nümme würklich zfriide. Und wenn du öppis zu guet mache willsch, chunnts meischtens schlächt. Du muesch ä Mittelwäg finde, aber das fallt mer nid so liecht.»

Das Natel fiept. Urs schaut auf den Display und meint entschuldigend, er müsse abnehmen, das sei seine Mutter, sie wolle wissen, wann er am Samstag heimkommen werde. Urs verbringt praktisch jedes Wo-

---

«Mir hän mänge duregäh, weisch no», meint Peter, und wie immer, wenn er von diesen vergangenen Zeiten erzählt, glänzen seine braunen Augen und seine Stimme bekommt einen schwärmerischen Unterton. Obwohl er immer wieder betont, das Kapitel sei für ihn abgeschlossen und er sei froh darüber. «Jo, jo», erwidert Urs grinsend. «Mir hei e mängsmool de Heiwäg nümme gfunde. S trunke Elend.»

---

chenende bei seinen Eltern. Sie wohnen immer noch in Ringoldswil, wo Urs mit seinen vier Brüdern und seiner Schwester aufgewachsen ist, einem Kaff mit etwa 130 Einwohnern, auf 1000 Meter, oberhalb vom Thunersee, ohne Einkaufsladen und Busverbindung. «Isch guet», sagt Urs ins Natel. «Momoll.» – «Am sächsi vo do.» – «Tiptop.» – «Scho.» – «Jetzt grad nid, aber viellicht ... jojo.» – «Also denn ...» Nach einer knappen Minute drückt er die Aus-Taste. Wenn es um ihn selbst geht, hält Urs die Wörter in seinem Innern verschlossen, über konkrete Dinge aber, wie beispielsweise die Kürbissuppe, kann er ausführlich referieren. Ja, er habe ein gutes Verhältnis zu seinen Eltern, «tiptop». Das sei eigentlich immer so gewesen. «Sie haben es recht gemacht.» Er habe nie wirklich rebelliert, erzählt Urs, sicher habe es manchmal Differenzen gegeben, vor allem mit der Mutter, wegen dem Helfen. Sie hätten von klein auf daheim anpacken müssen, und als Teenager fanden er und seine Brüder, Hausarbeit sei Frauenarbeit. «Do hend mer e chli gmotzt, aber gschad hets üs sicher nüt.»

Lars Bernet, 26, ist durch seinen Cousin, der in der Redaktion ein Praktikum machte, zu Surprise gestossen. Hier fühlt er sich wohl, denn er wird genommen, wie er ist. Lars ist behindert und arbeitet in einer geschützten Werkstatt. Doch er hat einen ganz anderen Berufswunsch: «Ich möchte Tramführer lernen und die gelben Trämli in Basel fahren, die Zehner und die Elfer.»

Er stösst die Tür zum ‹Café Central› auf. Es ist überhitzt und riecht nach Pizza, die direkt zubereitet und hier oder über die Strasse verkauft wird. «Die kostet sechs bis sieben Stutz», sagt Urs leise und schüttelt den Kopf. «Das ist Wahnsinn. Für die drei Bisse, die das hergibt. Gestohlen ist das.» Seine Eltern begleiteten ihn an fast all seine Rennen, erzählt Urs. Seit seiner Jugend startet er fast jedes Wochenende an einem Berglauf, einem Marathon oder Waffenlauf. «Meine Eltern kennen da langsam fast alle. Und so kommen sie auch mal weg.» Er sei irgendwie ins Laufen reingerutscht, meint er. «I bi eis gschtartet und es het mer Freud gmacht. Denn bin i immer witter füre cho, ha oft gwunne. Und so bin i denn derbi bliibe.» Früher ging er zudem auf Klettertrips oder Skitouren und trainierte jeden Morgen und Abend. An manchen Wochenenden stand er bei zwei oder sogar drei Rennen am Start. «I ha scho e bitz gschpunne», meint er und grinst verlegen. «Do bisch eso kaputt, dass es kai Freud meh macht.» Heute nehme er alles ein bisschen lockerer. Trotzdem komme er noch immer meist im vorderen Viertel an. Dass er vor zwei Jahren den Berner Distanzmarsch gewonnen hat, erwähnt Urs nur nebenbei. «Jo, bi zfriide gsi», ist sein einziger Kommentar. Wirklich stolz ist er darauf, dass er beim Swiss Alpin, dem härtesten Berglauf der Welt, der über 78 Kilometer auf rund 3200 Meter führt, bisher immer durchgekommen ist. Seine Mutter hatte ihn mal gefragt, wie denn auf dem Sertigpass, dem höchsten Punkt, die Aussicht sei. Urs musste sich eingestehen, dass er es nicht weiss, weil er so aufs Rennen und die Strecke konzentriert ist. «Es isch eigetlich scho gschpunne: Do secklisch dur d Natur und hesch gar nüd dervo.» Er nimmt einen langen Schluck aus dem Bierglas, stellt es auf den Tisch und streckt die Beine. Die Füsse stecken in ausgetretenen, staubigen Turnschuhen. «Ich brauche das Laufen einfach. Das ist für mich das Schönste auf der Welt. Ein Ausgleich zu all dem Stress, den du sonst hast. Du fühlst dich unheimlich glücklich, wenn du voll kaputt ins Ziel kommst und weisst: Ich hab mich wieder durchgebissen. Unterwegs fragst du dich manchmal schon, warum du dir das antust. Aber sobald du im Ziel bist, weisst du es wieder. Das Laufen hat mich allgemein stark und zäh gemacht. Wenn es im Leben mal nicht so läuft, wie es sollte, denke ich: Da musst du durch, irgendwie geht es immer weiter. Viele lassen sich bei der kleinsten Krise hängen, darum gibt es das Drogenproblem und all das Zeug.» Urs starrt abwesend ins leere Bierglas, überlegt einen Moment und bestellt eine weitere Stange. «Vielleicht trink ich manchmal schon eins über den Durst, aber ich kann es auch sein lassen.»

Am meisten schätzt Urs beim Laufen die Kollegschaft. «Die ist gut, unheimlich gut. Nach den Rennen hockt man immer noch zusammen und festet. Vor allem bei den Waffenläufern sind wir etwas wie eine Familie, das sind meine besten Kollegen.» Zum Waffenlauf kam Urs durch Zufall. Er sei absolut nicht der Militärtyp, grinst er, da habe er immer das Minimum gemacht. «Ein Kollege hat mich gefragt und ich fand: Okay, einen und dann fertig. Mit einem Gewehr auf dem Rücken herumseckeln, das ist doch nichts für mich. Im Sommer hab ich in Thun den 200sten und dann ist definitiv Schluss. Meine Mutter glaubts zwar noch nicht.» Denn das habe er schon nach 100 und 150 Waffenläufen gesagt. «Ich glaubs ja ehrlich gesagt auch nicht», lächelt Urs und beginnt zu winken. «He, Fredy, da sind wir.»

Ein kleiner, kräftiger Typ tritt an den Tisch. Sein schütteres Haar ist mit Wasser nach hinten gestrichen, er hat ein offenes Gesicht mit wachen, neugierigen Augen. Unter dem eleganten blauen Jackett trägt er ein weisses Hemd. Er entschuldigt sich, dass es so lange gedauert habe, er sei daheim noch unter die Dusche gestanden. «Siehst du sie heute wieder?», grinst Urs leicht anzüglich. Fredy zuckt die Schultern. «Möglich. Sie meinte, vielleicht, aber ich weiss nicht, was ich vom Ganzen halten soll.» – «Nimms, wies kommt, ich mein, du hast nichts zu

verlieren, und es wäre ja schön», rät Urs. «Oder was willst du?» – «Ich weiss es doch nicht, eben das ist es, wenn ich es wüsste, aber ... was, wenn es wieder so rauskommt wie beim ersten Mal?» – «Das darf es natürlich nicht, so was dürftest du ihr nicht noch einmal antun.» Er habe vor kurzem seine Ex getroffen, erklärt Fredy, und es habe gleich wieder gefunkt. «Ich hab sie ja immer geliebt, sie hat sich von mir getrennt, weil ...» Er stockt, sucht nach Worten, starrt auf den Boden, wie wenn da die Erklärung läge für etwas, das er sich selbst heute noch nicht erklären kann. Mit gesenkter Stimme erzählt er weiter: «Sie ist ja viel jünger als ich, damals war sie 22. Wir haben geheiratet und dann ... äh ... dann ... wie soll ich sagen ... äh ... ja, ich hab sie noch in der Hochzeitsnacht mit einer Serviertochter betrogen. Sie hat es mitgekriegt und sich scheiden lassen. Was ich verstehe.» Er hätte gern wieder eine Beziehung, wirft Urs ein. Dreizehn Jahre war er mit seiner ersten Liebe zusammen. Als er bemerkte, dass sie ihm Hörner aufsetzte, und sie sich, vor die Wahl gestellt, nicht entscheiden konnte, er oder der andere, verliess er sie. «Es het scho wehto. Aber Treui isch mer halt unheimlich wichtig. Dass de enand nid aalügsch. Me cha doch ehrlig si zuenand.» In Basel hatte er noch zwei Jahre lang eine Freundin, doch die, sagt Urs, habe angefangen, immer das Gegenteil zu behaupten von dem, was gewesen war oder was er gesagt hatte. «Ich bin manchmal schier verzweifelt. Danach brauchte ich ein bisschen Abstand, Zeit für mich. Aber jetzt ... man geht halt viel weniger gern heim, wenn man weiss, dass niemand auf einen wartet.» Er winkt den Kellner und bestellt für Fredy und sich eine Stange. «Jetzt hocke mer mängisch es bitz zlang i der Beiz, das find ich no schaad, und es tuet mer au nid so guet. Ich wär no ganz gärn dehai, aber ellai schiifts mi aa.» – «Ich würde in einer Beziehung aber meine Freiheiten brauchen, ich mein, ich will trotzdem noch mit Kollegen mal einen nehmen», wirft Fredy ein. «Sicher», erwidert Urs. «Nid dass me immer ufenand obe hocked, das dünggt mi au nid guet. Jede sott e bitz mache, was er wott, me sott enand nüt vorschriibe, aber scho au welle zämme sii.» – «Ja suchst du denn eine?» – «Nein.» – «Gibts keine, die du kennst und die dir gefallen würde?» Urs lacht verlegen. «Nein.» – «Wie müsste die denn sein?» – «He, was löcherst du mich so?» – «Interessiert mich einfach. Ich weiss doch auch nicht, was ich mit meiner machen soll. Sie ist meine absolute Traumfrau und ich hab keine Ahnung, was damals in mich gefahren ist, aber das zeigt doch auch, dass irgendwas ... ach, ich weiss nicht. Aber wie müsste deine Traumfrau sein?» – «Ich schtell mer eigetlich gar nüt vor.» – «Ach komm, eine Vorstellung hast du doch.» – «Sie müesst eifach ehrlig sii. Und me müesst mitenand chönne schaffe.» Urs nimmt den letzten Schluck Bier und bestellt die nächste Runde. Das meine er damit, sagt er. «Ich werde heute wieder überhocken, und man braucht halt auch viel Geld für das Zeug. Aber allein in eine leere Wohnung ...» Es ist halb neun. Als wir aufbrechen, ist es drei Stunden und je vier Stangen später. Wir waren fast acht Stunden im Bahnhof. ∎

**Gewöhnlich steht Peter so um ein, zwei Uhr mittags auf, isst was, verkauft dann etwa eine Stunde Surprise, macht ab vier die Heftausgabe und verkauft ab halb sechs nochmals ein, zwei Stunden – bis er jassen oder mit Hässig oder Urs essen geht. Gegen elf ist er daheim, raucht noch zwei, drei Zigis, und dann liegt er wieder im Bett.**

Ayman, 24, schlägt sich seit Jahren in Zürich auf der Gasse durch. Er will sich nicht festlegen lassen, sich nicht einordnen. Ayman gehört zu den Menschen, die das Talent haben, die Dinge einfach zu nehmen, wie sie sind. «Irgendwie», findet er, «kommt es immer so, wie es kommen muss, und so ist es dann auch gut – easy.»

# Die Dutzend-Fragen
## «Wer weiss denn, ob es anders besser wäre?»

Er nimmt es, wie es kommt. Will einfach leben, sein, denken. Ist mit dem zufrieden, was er hat und wie es ist. Das Ellbögeln überlässt er anderen. Ayman ist auf seine Art ein Lebenskünstler. Seit er mit achtzehn die Lehre als Storenmonteur abgebrochen hat, hängt er auf der Gasse ab. Bis letzten Sommer lebte er mit Betteln und Surprise Verkaufen von der Hand in den Mund. Das machte ihm zunehmend Mühe. Darum ging er trotz innerer Widerstände aufs Sozialamt. Seither, sagt Ayman, habe er mehr Ruhe und Zeit. Zeit zu überlegen, welche Richtung er seinem Leben vielleicht irgendwie irgendwann geben könnte.

**Was wirst du in zehn Jahren machen?**
Das ist eine blöde Frage. Was weiss ich denn, was dann sein wird. Ich lebe auf der Gasse, da muss man froh sein, wenn man eine Ahnung hat, was morgen sein wird. Logisch werde ich in zehn Jahren nicht mehr am selben Punkt sein wie heute. Das versteht sich von selbst. Du bewegst dich automatisch. Ich möchte mir aber auch etwas aufbauen. Was? Keinen blassen Schimmer. Ich will mich einfach nicht

ewig mit Betteln und Surprise durchschlagen müssen. Doch ohne Geld und Einfluss ist es schwer, dir dein eigenes Leben einzurichten und deine Träume zu leben. Ich zeichne zum Beispiel sehr gern, bei der Aufnahmeprüfung für die Kunstgewerbeschule scheiterte ich nur knapp. Ich hätte aber eh nicht gewusst, wovon leben während der Ausbildung. Ich will nicht jammern, irgendwie bin ich immer durchgekommen. Und das wird auch in zehn Jahren noch so sein. Easy.

**Was ist dein Traum, dein grösster Wunsch?**
Ich bin ein bescheidener Mensch. Was zu essen, zu rauchen, meinen Joint, mein Bier – und ich bin zufrieden. Ich habe mich selbst, und das ist mehr, als viele von sich sagen können. Weisst du, wie ich meine. Ich habe meine Freiheit, habe Zeit zum Leben, zum Sein, zum Denken. Mehr will und brauche ich nicht. Ich meine, das grosse Geld, eine Villa mit Swimmingpool, ein fetter Wagen, eine schöne Frau – hallo, das kann es doch nicht sein. Meine Wünsche sind das nicht. Mein Traum wäre eine Welt ohne Krieg. Aber das wünsche ich mir schon gar nicht, das ist eh sinnlos,

es wird immer Kriege geben. Die Menschheit ist so, da nützt alles Wünschen nichts. Sobald es um Macht und Einfluss geht, kannst du all das Gerede von wegen Frieden vergessen. Ich möchte einfach selbst in Frieden leben und es mit meinen Kollegen gemütlich haben.

**Wer Surprise verkauft, kennt vermutlich «seine» Stadt. Was gefällt dir da am Besten?**
In Zürich weiss ich wenigstens, woran ich bin. Das ist aber auch alles. Ich habe mich arrangiert, wohl oder übel, schliesslich lebe ich hier. Zürich ist aber definitiv nicht meine Stadt. Am liebsten bin ich noch in der Gassenküche, das ist einer der letzten autonomen Freiräume in Zürich, wo keiner dreinredet, wo wir das Sagen haben. Wir haben zwar nichts, machen aber etwas draus. Wenn möglich, möchte ich diesen Sommer für ein paar Monate nach Ägypten, ich bin Doppelbürger. Sicher ist da auch nicht alles Sonnenschein – für immer dort leben würde ich auch nicht wollen. Doch in Ägypten fühle ich mich wohler als in der Schweiz, da passe ich von meiner Mentalität her besser hin. Die Menschen gehen offen und herzlich miteinander um, so we ich

mir das wünsche, und es ist nicht so unterkühlt wie in der Schweiz und speziell in Zürich. Wer da nicht untergehen will, muss selbst zum Egoisten werden, das liegt mir nicht und das will ich auch nicht.

**Wenn du könntest, was möchtest du auf der Welt ändern?**

Es gibt so vieles auf der Welt, mit dem ich mich nicht identifizieren kann. Egal mit was. Fast mit allem. Die meisten politischen Systeme beruhen auf Macht und Korruption, und das kann man ja nicht wirklich gut finden. Das führt dazu, dass gewisse menschliche Wesen gar keine Menschen mehr sind. Und zwar gerade solche, die etwas zu sagen haben. Bush zum Beispiel oder Sharon, was die da unten machen ... Das sind keine Menschen mehr und können darum auch andere nicht als Menschen sehen – sonst könnten sie nicht derart menschenverachtend handeln. Sie reden zwar dauernd von Frieden und trallala, aber nur, um sich zu profilieren. Ihre Wörter sind Waffen, mit denen sie Unfrieden stiften. Wenn ich etwas zu sagen hätte, würde ich auch den Reichtum umverteilen: Es kann doch nicht angehen, dass die Reichen, die immer reicher werden, den Armen, die weniger und weniger haben, einfach ein paar Brosamen hinwerfen, gerade genug, dass sie sicher sein können, dass die Armen sich ruhig verhalten. Ich allein kann allerdings nichts verändern. Doch ich weiss, dass viele denken und fühlen wie ich, und ich glaube, es werden immer mehr – das macht Hoffnung. Ich selbst kann in meinem Umfeld etwas zu verändern versuchen, indem ich meine Ideale und Lebensvorstellungen umsetze. Wenn viele das tun, kann vielleicht etwas Grosses entstehen.

**Was hättest du in deinem Leben anders gemacht und was möchtest du noch ändern?**

Ich denke nicht gross darüber nach, was wäre, wenn ich dies so und jenes anders gemacht hätte. Was war, das war, was ist, das ist, und es ist, wie es ist. Wer sagt denn, dass es anders besser gekommen wäre? Das Leben ist ein Prozess, es ist in sich selbst Veränderung. Ich bin unterwegs, wohin auch immer, nur das zählt. Ich hab null Ahnung, wie mein Weg aussieht, aber ich gehe ihn. Sicher gibt es Din-

ge, die du irgendwann änderst, aber das passiert von allein. Ich wollte zum Beispiel nie von der Sozialhilfe leben, auf Kosten eines Staates, dessen System ich ablehne. Ich fand: Wenn ich mir schon die Freiheit herausnehme, so zu leben, wie es mir passt, mag ich niemandem auf der Tasche liegen. Beim Betteln kann mir geben, wer will, Sozialhilfe müssen alle mit ihren Steuern bezahlen. Aber vor kurzem sah ich ein, dass ich so nicht weiterkomme. Ich brauche zwar wenig Geld, aber ich brauche trotzdem. Und wenn du jeden Tag ums Überleben kämpfen musst, hast du keinen Boden, um etwas aufzubauen. Darum geh ich nun aufs Sozialamt. Und ich muss sagen: Das hat ziemlich Ruhe in mein Leben gebracht. Seither geht es mir besser, ich mache wieder viel mehr für mich, lese, schreibe, denke nach, koche in der Gassenküche, das finde ich noch schön. Ich hab jetzt auch das erste Mal im Leben eine eigene Wohnung, bisher kam ich immer in besetzten Häusern oder bei Kollegen oder notfalls unter einer Brücke unter – und ich hätte nie gedacht, dass es so viel bringt, einen sicheren Ort zu haben, wo du dich zurückziehen und einfach dich selbst sein kannst. Mal schauen, was aus all dem wird. Ich stell mir nicht gross was vor, sondern geniesse den Moment. Wie gesagt, das Leben ist ein Prozess, Dinge ändern sich, und es war vermutlich an der Zeit, dass sich das änderte. Aber du kannst nie ganz neu anfangen. Du nimmst dich und das, was gewesen ist und was du getan hast, immer mit. Das kannst du nicht einfach löschen, wie auf einer Festplatte.

**Was ist das Schönste & Wichtigste, das du hast?**

Mich selbst. Sonst hab ich nichts. Klar habe ich Freunde und meinen Hund, aber die gehören nicht mir, die gehören zu mir.

**Was ist dein einprägsamstes Erlebnis?**

Schwer zu sagen. Du bist doch im Grund die Summe all deiner Erinnerungen und Erfahrungen, und deine Zukunft bestimmt sich grösstenteils aus deiner Vergangenheit. Es gibt Sachen, die du bereust, und Sachen, die dich nicht reuen. Beides macht dich aus, das Positive wie das Negative. Du nimmst immer beides mit. In meinen Augen überwiegt am

Ende aber das Schöne und Gute. Was scheisse war oder scheisse lief, vergisst du viel schneller. Oder du merkst, dass du daraus etwas gelernt hast, und dann ist es ja auch wieder positiv. In jedem Leben braucht es schlechte Erfahrungen, daran wächst man, doch am Ende bleibt das Gute.

**Was ist und bedeutet Erfolg für dich?**

Ich weiss nicht. Erfolg? Das ist ... für mich ist das völlig unwichtig. Wer bestimmt denn, was Erfolg ist? Die anderen? Du selbst?

**Hast du ein Vorbild? Wen und warum?**

Nein. Ich eifere niemandem nach, das entfernt dich nur von dir selbst.

**Was macht dich glücklich?
Und was ärgert dich?**

Ich hab schnell meinen Frieden. Glück bedeutet für mich, einem anderen eine Freude zu bereiten. In meinem Block lebt ein alter Mann, den besuche ich manchmal, um mit ihm ein wenig zu plaudern, oder ich geh für ihn einkaufen. Das macht ihn glücklich. Und mich auch. Wenn du jemandem Freude geben kannst, kommt die Freude zu dir zurück. Ärgern tu ich mich prinzipiell möglichst nicht. Denn wenn du dich ärgerst, gibst du dem Ding oder dem Menschen, über das oder den du dich ärgerst, zu viel Einfluss und Macht über dich.

**Gibt es etwas, das du noch lernen möchtest?**

Das Leben ist Lernen. Und Lehren. Du bist Lehrling und Lehrmeister zugleich. Konkrete Ziele habe ich nicht. Ich möchte einfach weiterkommen, mich weiterentwickeln in dem, was mir Spass macht. Zum Beispiel beim Schreiben. Ich möchte lernen, mich noch besser auszudrücken. Schreiben ist mir sehr wichtig, das ist meine Sprache, wie für andere Malen, Musik, Tanz oder so. Beim Schreiben kann ich mich am Besten verständlich machen und mich selbst besser verstehen lernen.

**Was gibt dir Hoffnung?**

Ich glaube nicht, dass etwas dir Hoffnung geben kann. Hoffnung entsteht automatisch, weil ohne nichts geht. Wenn du die Hoffnung verlierst, kannst du aufhören. Dann kannst du dich aufgeben.

«Die meisten Leute sind wirklich ganz okay, manche auch total nett, die bringen mir immer mal wieder ein Weggli oder eine Ovo vorbei und quatschen ein bisschen. Das freut mich mega. Mich nervt nur eins: Wenn Leute unauffällig hinter mir durchhuschen. Ich zwing doch niemanden, ein Heftli zu kaufen. Und vor allem bin ich doch nicht Luft.»

Nina, Basel

# «Die Psychiatrie hat mir viel kaputtgemacht»

Mal hatte Peter zu wenig Energie, mal zu viel. Er war entweder völlig in sich gekehrt oder aggressiv und liess sich nichts mehr sagen, machte alles anders als die andern. Seine Eltern brachten ihn deswegen zum Psychiater, der ihn in eine Psychiatrische Klinik steckte. Peter war vierzehn. Von da an folgten die Schübe in immer kürzeren Abständen. Die nächsten dreizehn Jahre war sein Leben eine Drehtür: rein in die Klinik, raus, rein. Er sei, sagt Peter, «allpott, wirklich allpott» weggesperrt und mit Medikamenten ruhiggestellt worden – während Gleichaltrige das Leben entdecken, Spass haben, sich selbst und die Liebe finden konnten. Das holt Peter noch heute immer wieder ein: dass er nie die Chance hatte zu lernen, was das heisst, ganz normal zu leben, herauszufinden, wer er ist und was er will.

«Ich weiss nicht, was ich ohne Surprise täte. Vermutlich nur auf dem faulen Ranzen liegen. Bevor ich mit Verkaufen anfing, war ich oft den ganzen Tag daheim im Bett oder vor der Glotze und langweilte mich. Ständig nichts machen wird mit der Zeit auch öde. Aber warum hätte ich aufstehen und rausgehen sollen – es wartete ja keiner auf mich. Ich fühlte mich völlig unnütz. Es ist heute noch so: Wenn ich nicht konkret was zu tun hab, scheisst mich alles an und ich kann mich zu nichts aufraffen. An den Wochenenden, wenn ich nicht Surprise verkaufe, schlafe ich, so lange es geht, und dann kommt die Frage: was jetzt? Und ich weiss es nicht. Da ist nur Leere. Ich sitze die ganze Zeit daheim und frage mich, was ich machen könnte, und dann ist Sonntagabend und ich hab wieder nichts getan. Mit mir selbst weiss ich nichts anzufangen. Hobbys und so Zeug hab ich nicht. Mein Vater meint immer, ich solle doch spazieren gehen oder in den Zoo oder in die Stadt. Aber was soll ich dort? Was bringt mir das? Dann lege ich mich eben ins Bett oder vor den Fernseher. Klar ist das irgendwie frustrierend. Ich meine, ich bin noch jung und könnte noch einiges erleben. Ich bin aber auch gopferdammi gut, mir selbst alles zu vermiesen. Statt einfach mal etwas auszuprobieren, lehne ich gleich ab und sehe alles negativ. Automatisch. Ohne dass ich es will. Dann habe ich zum Beispiel ausnahmsweise etwas vor an einem Sonntag und freue mich wirklich darauf, doch wenn es so weit ist, finde ich: Das ist doch nichts, was soll ich dort, das ist sicher der grösste Scheissdreck. Meist bleibe ich dann zuhause und lasse mir die Decke auf den Kopf fallen. Wenn ich mir doch mal einen Ruck gebe, ist es gewöhnlich total toll. Das hab ich bis zum nächsten Mal aber schon wieder vergessen, ehrlich. Allzu viel mag ich allerdings auch nicht machen. Ich werde sehr schnell müde und fühle mich völlig platt und neben mir – das ist auch nicht gut.

Diese Apathie, diese Lustlosigkeit kommt von meiner Krankheit. Und von all den Medikamenten, die ich dagegen nehmen musste und muss, und all den Aufenthalten in der Psychiatrie. Mit vierzehn war ich das erste Mal in der Klinik. Und von da an war ich allpott in der Psychi, allpott. Sobald nur das Geringste vorfiel, steckten die mich in die geschlossene Abteilung, füllten mich mit Medikamenten ab und stellten mich so ruhig. Angefangen hat das Ganze schon so mit zwölf, nur wollte es keiner wahrhaben. Ich spürte mich irgendwie nicht mehr. Manchmal hatte ich zu viel Energie und manchmal zu wenig. Wenn ich zu wenig hatte, war ich der liebste Siech, ich war zu nix zu gebrauchen, lag nur auf dem Bett und wollte meine Ruhe. Sogar essen war mir zu an-

strengend. Mit zu viel Energie war ich nervös, hektisch, aggressiv. Ich liess mir nichts sagen, machte alles anders als die andern und als ich sollte. So fällst du halt auf und aus allem raus. Meine Eltern wussten sich natürlich irgendwann nicht mehr zu helfen. Sie brachten mich zum Psychiater, und der liess mich in die Klinik, die PUK in Basel, einliefern. Von da an folgten solche Schübe in immer kürzeren Abständen. Kaum war ich draussen, war ich schon wieder drin. Meist kam es zum grossen Finale mit Schmier, Handschellen, Notfallpsychiater, Runterspritzen. Ich suchte das irgendwie fast. Es war ein zusätzlicher Kick, in diesem Zustand törnte mich jede Action noch mehr an. Ich fühlte mich ja auch nicht krank, im Gegenteil: Ich kam mir als der lässigste Siech vor, aufgestellt, cool, ich wusste und konnte alles, die andern rafften das nur nicht – was ich nicht verstand. Ich war voll gut drauf, immer auf der Pis-

«An den Wochenenden, wenn ich nicht Surprise verkaufe, schlafe ich, so lange es geht, und dann kommt die Frage: was jetzt? Und ich weiss es nicht. Da ist nur Leere. Ich sitze die ganze Zeit daheim und frage mich, was ich machen könnte, und dann ist Sonntagabend und ich hab wieder nichts getan.»

te, ich schlief höchstens ein, zwei Stunden pro Nacht, speedete rum wie blöd und alles war spannend und abenteuerlich. Wenn ich der Birs entlang rannte, glaubte ich mich am Amazonas, und in jedem Hund sah ich einen Löwen, der sich brüllend aus dem Gebüsch auf mich stürzte. Sogar das Einkaufen machte ich zum Abenteuer. Ich konnte stundenlang durch die Läden streifen und mir vorstellen, ich müsse mich für eine lange, gefährliche Expedition eindecken. Vor allem bei Aktionen griff ich zu, auch wenn ich die Dinge überhaupt nicht brauchte, Hauptsache, sie waren runtergesetzt. Da muss ich heute noch aufpassen, ab und zu überkommt mich das und plötzlich hab ich zwölf Familienpackungen Thon daheim, die vor sich hingammeln. Wirklich. Das Leben war bei diesen Schüben wie ein Abenteuerfilm – und ich spielte darin die Hauptrolle.

Natürlich haben die Psychiater zunächst abgeklärt, was mit mir los sein könnte, aber rausgefunden haben sie nichts. Die gaben mir einfach alle Medikamente, die sie hatten, wirklich alle, das ganze Sortiment von hinten bis vorne und oben bis unten. Und ich musste diesen Scheissdreck fressen, ich hatte gar keine Wahl, wenn ich mich weigerte, kamen sie mit der Spritze: ‹Sie müssen vernünftig sein, Sie nehmen die Medikamente für sich, nicht für uns.› Denen ist doch egal, wie es dir dabei geht, wenn du dich nicht mehr bewegen kannst, nicht mehr reden, nicht mehr fühlen, einfach nichts mehr, dir als Zombie vorkommst und nicht als Mensch. ‹Wir wollen nur Ihr Bestes.› Sobald ich draussen war, setzte ich die Medis jeweils ab – und landete deswegen bald wieder in der Klinik. Aber ich wollte das Zeug einfach nicht nehmen, es macht dich kaputt. Wegen diesen Psychopillen zittern meine Hände heute so, dass ich mir manchmal kaum die Schuhe binden kann. Das kommt nur davon.

Zwischen 14 und 27 war mein Leben eine Drehtür: rein in die Klinik, raus, rein. Die Ärzte wollten mich immer in so ... ich sag dem Sekte ... in so einen Therapieclub stecken oder in eine Wohngemeinschaft, aber ich weigerte mich. Darum behielten sie mich länger in der Klinik, irgendwann hielt ich es nicht mehr aus, fing wieder an zu spinnen, kam von der offenen Abteilung zurück in die geschlossene und wieder in die offene – ei huere Züg. Aber immer noch besser als eine WG. Ich konnte mir das einfach nicht vorstellen, zwei Weiber und zwei Männer in einer Wohnung, nein komm. Du bist nie allein, hast nie deine Ruhe, immer ist da jemand. Du kannst nicht mal das Fernsehprogramm bestimmen, sondern musst dich anpassen. Es wäre vielleicht gegangen, wenn alle ihren Fernseher gehabt hätten. Und vor allem wenn... ich bin da noch konservativ ... wenn ... ich meine ... äh ... wenn die Frauen die Wohnung in Ordnung gehalten und gekocht und die Männer gearbeitet hätten. Aber das klappt doch nie. Das gibt nur ei Schissdrägg.

In der Psychi wurde total viel zerstört. Da wurde ich kaputtgemacht. Ich hatte nie die Chance heraus zu finden, wer ich bin und was ich will. Während Gleichaltrige Spass hatten, sich selbst und das Leben entdecken, sich verlieben konnten, war ich in der Psychi. Da bist du nie mit normalen Menschen zusammen, du hast keine Freunde. Und findest schon gar keine Freundin. Wenn dir mal eine über den Weg läuft, die dir gefällt, ist die doch weg, sobald sie hört, dass du in der Psychi bist. Mir wurde die Möglichkeit genommen, auf normale Art eine Freundin zu finden. Flirten, einer Frau zeigen, dass du sie magst, dich verlieben – so was lernst du als Teenager. Wenn du das mit über 25 noch nicht kannst ... Klar macht es mich wütend zu sehen, was mir in der Psychiatrie angetan wurde. Aber was willst du, ich kann es nicht mehr ändern. Vielleicht könnte ich es ja ändern, wenn ich mich ändern würde. Aber wie?

Als Teenager hatte ich wenigstens noch das Kunstturnen. Das war meine Welt, da war ich bei mir und mich selbst. Ich lebte nur dafür, gab alles. Ich konnte hundert Mal vom Gerät fallen oder eine Übung vermasseln, das war mir egal, ich stand auf und begann von vorn. Wenn sonst das Geringste schief lief oder ich nicht weiterkam, hab ich das ganze Zeug aufgegeben. Ich hatte und habe noch immer null Ausdauer, null Wille – das ist ein Markenzeichen meiner Krankheit. Beim Kunstturnen war es anders, da entwickelte ich einen gewissen Ehrgeiz. Ob ich gut war? Naja, ich hatte so meine Lichtblicke. Einmal wurde ich Basler Meister. Klar war ich stolz, wobei, viel davon hatte ich nicht, ich bekam so ein Kränzchen umgehängt das wars. Mein Sieg kam für alle überraschend, am meisten für mich selbst. Ich musste wohl einen Anfall von Konzentration gehabt haben. Ich wusste schon, dass ich etwas kann, doch meist begann ich mitten im Wettkampf den grössten Seich zusammenzuturnen und fiel immer weiter zurück. Erstaunlicherweise glaubte ich trotzdem an mich, das tue ich sonst nie. Einmal wurde ich beim «Baselländischen» noch Zehnter von etwa 180 Teilnehmern, doch gewöhnlich rangierte ich unter ‹Ferner liefen›.

Ich würde gern etwas anfangen können mit mir, möchte nicht immer allein sein. Das ist tödlich. Ich fühle mich manchmal wie begraben. Wirkliche Kollegen hab ich nicht. Vielleicht noch den Gamma, mit dem geh ich ab und zu essen. Aber das kann es auch nicht sein. Ich hätte gern Freunde, mit denen ich mal etwas unternehmen könnte, einen Ausflug auf die Rigi machen oder mit dem Auto ein bisschen in der Schweiz

rumfahren oder so. Mit dem Gamma kannst du das vergessen, der hat zu so was keine Lust, und allein schaff ich es nicht und es macht auch keinen Spass. Es ist schon deprimierend. Sogar mein Vater macht mehr als ich. Er reisst mich auch mal aus dem Loch. Fährt mit mir am Sonntag irgendwohin. Wenn er mal nicht mehr da ist, bin ich ganz ... Ich glaub irgendwie nicht daran, dass ich je noch Freunde finden werde. Wie denn? Wo denn? Ich geh ja nirgendwo hin, wo man andere kennen lernen könnte. Eine Freundin hab ich mir längst aus dem Kopf geschlagen. Ich weiss nicht ... ich meine, es wäre sicher noch ganz schön, jemanden zu haben, für den du der wichtigste Mensch bist und der für dich der wichtigste Mensch ist, aber – vielleicht klingt das jetzt blöd –

**«An die grosse Liebe glaube ich nicht mehr. Dass da plötzlich eine kommt und wir passen zueinander – seit 16 Jahren ist nie so was passiert, warum denn jetzt? Liebe? Komm. Das gibt nur Schwierigkeiten, dann will ich das und sie jenes – das isch ei huere Züg. Das kann nicht gut kommen.»**

ich könnte mir nicht vorstellen, mein Leben mit einer Frau zu teilen. Komm, das gibt doch nur Schwierigkeiten. Dann will ich das und sie jenes, das isch ei huere Züg. Das kann nicht gut kommen. Es heisst schon, dass man einander in einer Beziehung auch Freiheiten lassen kann, doch das ist Theorie, in der Praxis funktioniert das nie.

Ich war mal verheiratet. Aber nicht lange. Sieben Monate lebten wir zusammen. Bis wir geschieden waren, dauerte es drei Jahre. Mein Anwalt hat mich hinten und vorne ausgenommen. Sechstausend Schtei musste ich ihm hinlegen. Dabei hätte ich – wie ich später erfuhr – nur vor Gericht gehen müssen und die Ehe wäre annulliert worden. Denn zwischen uns war ... äh ... nie was gelaufen. Meine Frau hatte ich durch ein Inserat kennen gelernt: ‹Suche lieben Schweizer Mann zum Heiraten.› Ich fiel auf diesen Scheissdreck rein. Typisch. Sie ist Philippinin und ich stehe auf asiatische Frauen, die gefallen mir halt, obwohl, sie war nicht mal besonders hübsch, schon hübsch, aber nicht super hübsch, so Durchschnitt halt. Ich sehe das jetzt noch vor mir: Wir trafen uns in Laufen, bei ihrer Tante daheim, die sass die ganze Zeit dabei und gab gute Ratschläge. Nach einer Stunde meinte sie: ‹Peter, du musst jetzt sagen, heiraten oder nicht. Visum abgelaufen.› Ja gopferdammi, was macht man in so einer Situation? Wenn du nein sagst, passiert nichts, du bist fein raus, bist aber weiter allein. Ich hab mich damals halt nach einer Freundin gesehnt.

Also probierte ich es. Doch meine Frau war ... sie war halt ... äh ... anders. Sie war lesbisch. Da konnte ich nichts machen. Es war die Hölle. Es war, glaub ich, die schlimmste Zeit in meinem Leben. Wenn sie neben mir im Bett lag und ich durfte sie nicht berühren... Ich hatte schlaflose Nächte, weil ich mir dauernd ausmalte, wie es wäre ... Auch tagsüber konnte ich an nichts anderes denken. Manchmal schaute sie sich mit ihrer Nichte in meinem Wohnzimmer Sexfilme an und ich musste in der Küche warten, da kommst du dir schön blöd vor. Die amüsierten sich mit ... ich weiss nicht, was die machten, hörte sie nur ständig kichern. Und ich hockte allein in dieser verdammten Küche und rauchte eine Zigarette nach der andern, um nicht die Wände hochzugehen. Da hast du eine geheiratet und darfst nicht ran. So was kann auch nur mir passieren. Ehrlich. Du hättest die Kommentare und Ratschläge hören sollen, als ich den Kollegen im Geschäft davon erzählte.

Eine Cousine von ihr war auch mit einem Schweizer verheiratet. Am Hochzeitstag nahm ihr Mann mich auf die Seite und meinte, er wolle mir einen guten Rat geben: ‹Hör mal, Peter, du musst von Anfang an durchgeben, dass du der Chef bist und sie zu gehorchen hat, sonst bist du der ärmste Siech.› So ist es. Ich erlaubte ihr alles, alles, gab ihr was sie sich wünschte. Und ich hab ja gesehen, wie es rausgekommen ist. So hatte ich mir das nicht vorgestellt. Nach sieben Monaten sagte ich ihr, sie müsse ausziehen, ich weiss nicht, was sonst passiert wäre ... Wahrscheinlich nichts, mit Gewalt wäre es ja auch nicht gegangen und dafür bin ich nicht der Typ. Doch Männer, die ein bisschen Sauhunde sind, so Machotypen, die haben bei Frauen rechten Erfolg. Ich weiss auch nicht warum.

An die grosse Liebe glaube ich nicht mehr. Dass da plötzlich eine kommt und wir passen zueinander – seit sechzehn Jahren ist nie so was passiert, warum denn jetzt? Daran kann ich einfach nicht mehr glauben. Klar, in Thailand, wohin ich früher fast jedes Jahr reiste, sagt dir jede, sie liebe dich, aber die wollen mit dir nur ein Geschäft machen – du gibst mir einen Lappen, dafür darfst du mal ran – oder sie hoffen, du nimmst sie mit in die Schweiz. Liebe? Komm. Vielleicht würde es ein, zwei Monate gut gehen, aber mit meiner IV könnte ich ihr ja auch nicht das bieten, was sie sich erträumt. Heute reizt mich Thailand nicht mehr gross. Das Land hab ich gesehen, so wahnsinnig ist das auch wieder nicht, und solche bezahlten One Night Stands brauche ich eigentlich nicht mehr unbedingt.

Seit vier, fünf Jahren lebe ich von der IV, vorher war ich zwei Jahre auf dem Sozialamt. Wegen meiner Krankheit hätte ich die IV schon viel früher haben können, ich wollte aber nicht. Und ich bin froh, so lange gewartet zu haben, wie es nur ging, sonst wäre ich heute wahrscheinlich völlig verblödet. Mit der IV lässt du dich sehr schnell fallen. Du musst ja nichts mehr. Ich brauche etwas, das mich erfüllt. Andere haben ihre Drogen, ich muss was zu tun haben. Viele verstanden nicht, dass ich mich lieber in schlecht bezahlten Scheissjobs abrackerte, als mir mit der IV ein bequemes Leben zu machen.

Wegen meiner Krankheit und all den Psychi-Aufenthalten konnte ich nur eine Anlehre machen. Das bringt dir rein gar nichts, du bist und bleibst ein besserer Hilfsarbeiter, schuftest dich für einen Hungerlohn kaputt. Ich lernte Schreiner. Keine Ahnung, warum. Als ich mich für einen Beruf entscheiden sollte, steckte ich halt wieder einmal in einer Phase, wo ich zu nichts Lust hatte und nichts mit mir anzufangen wusste. Da ergab sich diese Gelegenheit, und die hat man eben beim Schopf gepackt. Ich wurde nicht gefragt, was ich davon hielte.

Die Anlehre machte ich von der IV aus in einem Heim in Orbes, in so einer Beknackten-Werkstatt, ehrlich, die meisten andern waren voll behindert. Das war ein richtiges Heim dort. Abends um neun kam das Fräulein und kontrollierte, ob alle geduscht waren, und dann hiess es ab ins Bett. Zum Glück konnte ich das letzte halbe Jahr in eine Wohnung gegenüber ziehen. Ich hätte eine raschere Gangart einschalten sollen als die andern, aber ich passte mich deren Tempo und Können schnell an. Deswegen gab es dann Probleme. Nach einem Jahr wollten die mich rauswerfen, ich sei zu langsam und würde zu wenig machen. Nicht mit mir. Da hab ich halt einen Gang raufgeschaltet und gearbeitet wie ein gestörter Affe. Von einem Tag auf den andern steigerte ich meine Leistung um 200 Prozent.

Bei meiner ersten Stelle verdiente ich 800 Franken im Monat. 500 davon gingen fürs Lehrlingsheim weg, und gegessen hatte ich noch nicht. Für 800 Schtei hab ich geschuftet wie alle andern, mehr sogar, nach Feierabend musste ich noch die Werkstatt fegen und so. Der Meister kam sich sozial vor, weil er einen wie mich einstellte. Doch als ich nach

einem halben Jahr wieder in die Klinik musste, war ich die Stelle los. In jener Zeit hab ich teilweise recht scheissig gelebt. Es ging irgendwie immer, aber wenn du dir in der Beiz nicht mal einen zweiten Kaffee leisten kannst oder ein Dessert – also, es hätte besser sein können. Ich bekam schon sehr früh eine IV-Teilrente, doch von der hab ich praktisch nichts gesehen, mein Vormund war der Meinung, er müsse sie für mich auf die hohe Kante legen. Das ist ihm auch gelungen. Als ich den Vormund endlich los war, hatte ich fast zwanzig Riesen auf dem Konto. Das war schon gut. Noch besser aber war, dass ich die Zwanzigtausend innert knapp zwei Wochen durchhatte. Plötzlich hatte ich ganz viele Freunde. Ich gab dem ein bisschen Geld, kaufte diesem irgendwas. Und machte natürlich das Blödeste, was man tun kann: Ich lieh einem Typen Geld, den ich nicht mal richtig kannte. Er jammerte mir vor, was für ein armer Siech er sei, er habe keine Wohnung, keinen Job, kein Geld, gar nichts. Aber eine bombige Geschäftsidee. Mit zehn Mille könne er die verwirklichen und natürlich würde er mich am Gewinn beteiligen. Ich gab ihm das Geld – und weg war es, und auch den Typen sah ich natürlich nie wieder. Ich bin halt zu gutmütig, immer noch. Ich lasse mich immer wieder ausnutzen, gebe anderen Geld und glaube daran, dass ich es zurückkriege. Meist sehe ich es nie wieder, oder nur einen Teil. Und muss ihm erst noch immer selber nachrennen. Einer Kollegin lieh ich mal zehn Riesen, die wollte damit etwas kaufen und es dann teurer weiterverkaufen. Zwei Tage später wurde angeblich in ihre Wohnung eingebrochen und das Zeug gestohlen. Was hätte ich tun sollen? Auch dieses Geld konnte ich abschreiben. Ich bin manchmal schon ein Tscholi. Die anderen merken natürlich, dass ich ein gutes Opfer bin. Dabei hab ich ja auch nicht so viel. Mit IV, Ergänzungsleistungen und Surprise komme ich auf etwa 2 800 im Monat – damit kannst du leben, aber du musst auch rechnen.

Seit fast zwanzig Jahren war ich nie wieder in der Psychi. Und ich will auch nie wieder dort landen. Damals raffte ich mich auf, die Medis auch draussen weiterzuschlucken. Was hatte ich denn für eine Wahl, wenn es immer hiess: Das ist gut für Sie. Meiner Meinung nach

**«Wenn ich der Birs entlang rannte, glaubte ich mich am Amazonas, und in jedem Hund sah ich einen Löwen, der sich brüllend aus dem Gebüsch auf mich stürzte. Wirklich. Das Leben war wie ein Abenteuerfilm – und ich spielte darin die Hauptrolle.»**

ist es zwar eher gut für die, ich bin ruhig und die machen ihr Geld, aber was willst du ... Ich werde dieses Scheisszeug wohl mein Leben lang fressen müssen. Jetzt merkt man nichts mehr von meiner Krankheit, ausser dass ich oft zittere. Und ich merk auch nichts mehr, ausser dass mich die schlimmen Erinnerungen immer wieder einholen.

Ich lebe einfach. Fragt sich nur, wie lange. Mit all den Medis. Dazu hab ich seit ein paar Jahren Zucker und Herzprobleme. Andere wollen mir deswegen immer in mein Leben dreinreden: ich dürfe dies nicht, solle jenes, müsse aufpassen. Das geht die doch einen Scheissdreck an. Ich meine, es ist mein Leben, und ich lebe, solange ich lebe. Aber solange lebe ich lieber gut und lass mir nicht alles vermiesen, nur damit ich länger lebe.» ∎

Peter H., 46, gehört zu den bekanntesten Verkäufern in Basel. Wenn er an seinem Stammplatz am Spalenberg steht, ist er nicht zu überhören. Peter hat in seinem Leben viel durchgemacht, vielleicht vergisst er deswegen nicht, dass es Menschen gibt, denen es schlechter geht und die es schwerer haben als er. Nach seinem grössten Wunsch befragt, meint er: «Ich wünsche mir, dass alle Menschen genug zu essen haben.»

«Als Strassenverkäufer habe ich die authentische Freiheit erlangt, die mir schon lange vorschwebte. Nicht dass ich falsch verstanden werde: Verkaufen ist ein harter Job, und ich in meinem Alter hab nicht viele andere Perspektiven. Dennoch gibt mir diese Arbeit das Gefühl, frei zu sein und das tun zu können, was ich mir immer gewünscht habe. Mit dem, was ich dabei verdiene, hab ich, was ich zum Leben brauche, aber nicht mehr – das ist meine Freiheit. Surprise ist für mich kein Sprungbrett. Ich wüsste nicht, wofür. Es ist die Arbeit, die ich machen will. Punkt.»

**Hugo, Zürich**

Hugo, 54, beschäftigt sich seit über drei Jahrzehnten mit Philosophie. Wenn er in Zürich Surprise verkauft, hat er viel Zeit, sich seine Gedanken zu machen. In Diskussionen über die grossen Weltutopien, die Religionen, die Wertelehre blüht er auf. Hugo ist ein Einzelgänger, freiwillig, wie er sagt, «denn ich bin ein Mensch, der viel Zeit für sich braucht. Obwohl ... das Prinzip, auf dem alles beruht, ist Kommunikatior. Der Austausch. Die Interaktion. Ein Leben ohne Interaktion wäre mein psychischer Tod.»

# Nimmt Hugo wahr, nimmt Hugo wahr

Hugo wollte kein Porträt von sich machen lassen. Er finde es uninteressant, von sich zu erzählen, meinte er, und sich selbst zu definieren sei ihm zu abgeklärt. Denn Identität gebe man sich nicht selbst. Sie setze sich zusammen aus Eigenwahrnehmung und den Wahrnehmungen anderer, die einen mal mehr, mal weniger beeinflussten. Beides mache einen zu dem Menschen, der man ist. Hugo mag sich auch nicht einordnen lassen. Menschsein beinhaltet für ihn die Möglichkeit zu Veränderung, was nicht mit Wankelmut gleichzusetzen sei. Er wollte aber unbedingt mit mir einen Kaffee trinken gehen. Aus Neugierde, wer und wie ich bin.

Was man über Hugo wissen sollte, ist rasch erzählt: Nach sieben Jahren Schule hatte er genug von der Eintrichterung genormten Wissens und schlug sich mit Gelegenheitsjobs durch. Einsatz zeigt er nur, wenn ihn etwas wirklich interessiert. Das ist vor allem beim Studium der Weltphilosophien der Fall. Als Autodidakt befasst er sich seit über dreissig Jahren damit. Hat sich unter anderem mit dem Christentum auseinander gesetzt und dem Buddhismus, den Gesellschaftskritikern und den grossen Weltutopien. Sechzehn Jahre lang war Hugo Hausmann und verbrachte seine Tage mit Philosophieren und Sport. Dann kam die Trennung von seiner Freundin, was ihn in eine tiefe Depression stürzte und womit er heute noch zu kämpfen hat. Das war vor drei Jahren. Eine Zeitlang konnte Hugo noch vom Ersparten leben, seit anderthalb Jahren verkauft er Surprise. Er lebt allein vom Strassenverkauf, damit kann er die Miete für seinen Wohnwagen, das Essen, die AHV bezahlen. Das ist seine Freiheit: einfach das haben, was er braucht.

Unser Gespräch wurde sehr schnell philosophisch. Bei solchen Diskussionen fühlt Hugo sich herausgefordert und wohl – und er hatte nichts mehr dagegen, dass ich das Tonband einschaltete. Am Ende meinte er: «Es ist gewaltig: Wir sassen zusammen, wir kannten einander nicht, der eine kommt von da, der andere geht dahin – und es entstand etwas ausserhalb von allem Gewesenen. Etwas Lebendiges.» Ausschnitte aus den Gedankengängen eines Strassenverkäufers und eine Annäherung an einen Menschen, der einfach nur authentisch leben will.

«Als ich am Verkaufen war, hat mich vor kurzem jemand gefragt, wie ich in einfachen Worten Rassismus definieren würde. Das ist nicht schwer: Rassismus verleugnet Differenzen, das Anderssein eines jeden Menschen. In dieser Verleugnung haben viele Ängste und Konflikte ihren Ursprung. Im Marxismus galt ja die Maxime: Alle Menschen sind gleich. Das war eine ziemlich ungeschickte Aussage, aus der ein grosses Missverständnis resultierte. Das Konträre gilt: Alle Menschen sind ungleich. Du bist nicht ich, und ich bin nicht du. Diese Differenzen darf man nicht verleugnen. Was ja logisch ist – aber es wurde oft falsch verstanden, und daraus entstand viel Unheil. Marx meinte mit dem Satz, alle Menschen seien gleich, dass alle die gleichen Bedürfnisse haben und alle das gleiche Recht darauf, dass diese gestillt werden. Wer Hunger hat, soll Nahrung bekommen, wer Durst hat Wasser, wer friert eine Decke, wer einsam ist Nähe. In dem Sinn sind alle Menschen gleich.»

«Bei Nietzsche hab ich vor kurzem etwas Interessantes entdeckt. Den habe ich von Grund auf studiert, von ihm kenne ich alles. Fast alles. Nietzsche meint, es sollte möglich sein, alles zu sagen – ohne lang darüber nachdenken zu müssen, was passiert. Egal, ob es die Moral verwirft, egal, ob es die Ideologie verwirft. Wenn du dich einfach ausdrückst, ohne Angst für das, was du sagst, verurteilt zu werden – das ist so gewaltig. Diese Angst ist sowieso absurd. Es versteht ja doch jeder, was er will und kann. Das geht gar nicht anders. Alle Menschen haben ihre eigene Wahrnehmung und Perspektive, die sich je nach Umständen erst noch verändern. Sie können die Welt nur von ihrem Standpunkt aus wahrnehmen. Heute kann man gewisse Dinge jedoch nicht mehr sagen, weil ihnen eine allgemeingültige Bedeutung übergestülpt worden ist, die es gar nicht geben kann. Denn kein Wort, kein Begriff ist per se definiert, jeder stellt sich etwas anderes vor. Darum kann kein Mensch einen anderen in allem ganz verstehen. Trotzdem verstehen wir uns. Denn Menschen können ihre Wahrnehmung der Welt mit jener der Umwelt vereinbaren.»

«Ich amüsiere mich oft über die Darwinisten. Die wollen doch sämtliche Beobachtungen aus der Tierwelt auf den Menschen übertragen. Wenn du Entchen und Schwänen Futter in den Teich wirfst, stürzen sich alle darauf und streiten sich um die fettesten Brocken. Laut den Darwinisten funktioniert die Wirtschaft ebenso: Alle gegen alle, um die besten Anteile wird ohne Rücksicht auf Verlust gestritten. Zum Teil trifft das wohl zu. Aber Menschen ticken anders. Die haben noch ein Über-Ich, so eine Art moralische Instanz in sich, die hemmt. Bei den einen ist sie ausgeprägter als bei den anderen, aber sie setzt bei allen und für alles eine Grenze.»

«Ich habe viel Zeit zum Nachdenken und Beobachten. Ich lasse die Welt und die Menschen an mir vorbeiziehen und ziehe meine Schlüsse. Dabei begegne ich vielen Menschen, die mit Scheuklappen durch die Welt laufen. Wenn etwas auf sie zukommt, das sie nicht kennen oder von dem sie nicht genau wissen, was daraus werden könnte, gehen sie auf Abwehr. Ich stelle das einfach fest, ohne zu werten. Darum geht es doch: Die Dinge zeigen, wie sie sind, ohne zu urteilen. Sie darstellen, ohne zu ideologisieren oder Partei zu ergreifen. Weder in die eine noch in die andere Richtung. So kann jeder mit den Dingen umgehen, wie er will. Darüber nachdenken oder nicht. Sie annehmen, für sich anwenden, ins Leben integrieren oder nicht. Doch viele glauben, dass Dingen per se eine Wertung innewohnt. Sie wissen nicht, dass sie frei sind, alles selbst zu bewerten und damit umzugehen, wie sie wollen. Diese Freiheit, die Dinge wertfrei stehen zu lassen, macht den Menschen zum mündigen Menschen.

Es ist allerdings schwierig, nicht zu werten. Die Wertelehre entstand ja erst in der Moderne, früher hat nur Gott gewertet. Erst Nietzsche sagte, dass der Mensch sein Geschick selbst in die Hand nimmt und in sein Leben Werte hineinlegt. Diese sind für jeden anders. Nehmen wir das Glücksspiel: Für viele hat das einen hohen Wert, für mich gar keinen. Ich würde es nicht einmal machen, wenn ich wüsste, dass ich garantiert hundert Euro gewinne. Es gibt mir nichts, ich ziehe daraus weder Impulse noch Emotionen, weil beim Glücksspiel keine Interaktion entsteht. Für mich ist Interaktion wesentlich, diesen Wert lege ich in mein Leben. Ohne Interaktion würde ich sterben. In den über dreissig Jahren, in denen ich mich jetzt mit Philosophie beschäftige, hab ich eins entdeckt: Das Prinzip, nach dem alles funktionieren sollte, ist nicht eine Ideologie, sondern Kommunikation. Und was ist Kommunikation? Kommunikation besteht aus Interaktion. Diese entsteht, wenn Menschen miteinander reden, aber auch beim Denken, Fühlen, Wahrnehmen. Es müssen einfach immer zwei Dinge miteinander korrelieren.»

«Alles Neue verändert Bestehendes. Das ist im Grunde logisch, viele verstehen das aber nicht. Ein Beispiel: Wenn zwei sich unterhalten und ich dazustosse, frage ich immer, ob ich störe. Wobei Stören wertungsfrei gemeint ist. Aber wenn ein Dritter dazukommt, verändert sich nicht nur die Gesprächskonstellation, sondern auch die Wahrnehmung, und zwar komplett. Du nimmst dein Gegenüber und sogar dich selbst anders wahr. Denn du weisst, dass der Dritte dich anders wahrnimmt als der Zweite, und das ändert deine Selbstwahrnehmung. Darum kann es sein, dass der Dritte stört, weil die beiden, die zuerst da waren, eine andere Wahrnehmungssituation wollen. Wenn man dann sagt, jemand störe, interpretieren das viele als Angriff und Ausschluss. Manche sind da auch völlig unsensibel. Wenn ich am Verkaufen bin, kommt regelmässig einer vorbei. Der stört mich, weil ich mit meinen Wahrnehmungen allein sein will. Ich kann dem noch so sagen, er störe, der kapiert das nicht, der lacht nur und findet es lustig. Ich aber nicht.»

«Für mich ist Wahrnehmen wichtiger als Denken. Wenn ich mich nicht mehr wahrnehmen würde, wäre das mein Tod. Das Denken, das Analytische ist sicher wichtig, aber es ist schon wieder abstrakt. Du nimmst die Welt ja nicht einfach mit dem Kopf wahr, sondern integral, mit dem Körper, mit den Sinnen. Wahrnehmen ist sinnlich. Du spürst etwas. Sobald du wahrnimmst, kannst du nicht mehr zerstören. Nur ohne Wahrnehmung gibt es Zerstörung. Aber viele Menschen haben ihre Sensibilität für eine sinnliche Wahrnehmung verloren. Darum gibt es auch so viel Zerstörung auf diesem Planeten.»

«Heute will man die Menschen geradebiegen aus Angst, sie könnten das System stören. Das muss ein schwaches System sein, wenn es sich von einer Handvoll Menschen stören lässt, die darin kein Rädchen sein wollen. Und was ist das System überhaupt? Wird es vom Menschen gemacht oder dem Menschen übergestülpt? Das System besteht ja aus der jeweiligen Gesellschaft, und die ist kein homogenes Gebilde mit einer Mitte und einem Rand, wo die so genannten Randständigen sind, die abgewertet werden. Eine Gesellschaft setzt sich aus verschiedenen Kreisen zusammen, die sich zum Teil berühren oder sogar überschneiden, zum Teil nichts miteinander zu tun haben oder haben wollen. Aber manche Kreise sind anscheinend mehr wert als andere. Zu den einen hat man zu gehören, zu den andern nicht. Das geht Richtung Totalitarismus. Wer hat das Recht, einem anderen zu sagen, was geht und was nicht, wie man zu sein hat und wie nicht? Welcher Kreis der Richtige ist und welcher der Falsche?»

«Wenn jemand so einen Spruch fallen lässt von wegen: Gang doch go schaffe – damit kann ich leben. Wirklich weh tut, wenn die Leute dich einfach ignorieren. Das ist das Schlimmste, was man sich vorstellen kann. Irgendwann fühlst du dich selbst als ein Nichts und Niemand.»

Mehmed Mujanovic, Basel

Mehmed Mujanovic, 32, kam vor einem Jahr mit seiner Frau und den beiden Söhnen (10 und 5 Jahre alt) von Bosnien nach Basel. Er war in seinem Land ein bekannter Fussballer – musste seine Karriere aber abbrechen, weil er an Multiple Sklerose erkrankte. «Mein grösster Wunsch ist es, gesund zu werden, dafür mache ich alles. Von meiner Ärztin im Kantonsspital Basel fühle ich mich sehr gut betreut und ernst genommen.»

Lisbeth Schranz hat ihr Leben lang gechrampft. Auch heute steht sie noch meist den ganzen Tag auf der Strasse, um finanziell durchzukommen. Manchmal fühlt sie sich müde. «Ich wünschte mir, dass ich nur noch drei Stunden am Tag Surprise verkaufen müsste», nennt sie als ihren grössten Wunsch. Sie freut sich heute schon auf den Tag, wo sie ihre AHV erhalten wird.

# Die Dutzend-Fragen
## «Irgendwann gehts immer wieder aufwärts»

Dass sie einmal auf der Strasse stehen und Zeitungen wird verkaufen müssen, hätte Lisbeth nie gedacht. Jahrelang war ihr Leben in geordneten Bahnen verlaufen. Sie hat einen Mann und zwei Töchter und arbeitete als «Mädchen für alles», wie sie es nennt. Dann ging das Geschäft Konkurs, und Lisbeth fand trotz Hunderten von Bewerbungen keine Stelle mehr. Sachbearbeiterin wäre sie gern geworden, doch die Wirtschaft brauchte Spezialisten und keine Allrounderin. Seither lebt Lisbeth, 62, vom Surprise Verkaufen. Ohne staatliche Unterstützung. Sie gehört zu einer Generation, wo man nicht so leicht aufs Sozialamt geht.

**Was wirst du in zehn Jahren machen?**
Dann bin ich pensioniert und werde endlich das tun können, von dem ich heute immer sage: Wenn ich mal Zeit finde ... Ich hab einige Hobbys: meinen Garten, Skifahren, Reisen, Konzerte, Nähen – oder auch mal einfach die Beine hochlegen und ein spannendes Buch lesen. Das alles kam halt schon immer zu kurz. Ich freue mich wirklich darauf, mir mal für mich Zeit nehmen zu können. Ich gehöre noch zu der Generation, die nach dem Motto lebt: Spare in der Zeit, so hast du in der Not. Gerade auf Rosen werde ich nicht gebettet sein, aber ich werde mir einen ruhigen Lebensabend machen können.

**Was ist dein Traum, dein grösster Wunsch?**
Möglichst lange selbständig bleiben und gesundheitlich nicht auf andere angewiesen sein. Ich musste mehr oder weniger mein Leben lang chrampfen. Darum würde ich das Alter gern geniessen und so viel wie möglich nachholen.

**Wer Surprise verkauft, kennt «seine» Stadt. Was gefällt dir da am Besten?**
Manchmal liegt über Bern so eine entspannte und lockere Atmosphäre. Die Leute nehmen alles geruhsamer, haben Zeit für ein Käffeli und einen Schwatz. Das geniesse ich. Das macht mich selbst ruhiger. Sonst ist in Bern ein Stress, eine Hektik wie überall. Die saugt sich oft richtig in einem fest. Da braucht man dann am Abend lange, um abzuschalten und den Kopf wieder frei zu bekommen. Am wohlsten fühle ich mich am Bahnhof, wo ich verkaufe und man sich nach all den Jahren eben kennt und immer ein paar Worte oder wenigstens einen Gruss wechselt. So was tut gut,

du fühlst dich wahrgenommen und dabei. Der Bahnhof ist auch ein Ort zum Träumen. Man weiss: Ich brauche nur ein Billet zu lösen und bin in wenigen Stunden in einer anderen Welt.

**Wenn du könntest, was möchtest du auf der Welt ändern?**
Dass es ein bisschen mehr soziale Gerechtigkeit gibt. Ich würde den Reichen etwas von ihrem Geld wegnehmen und es bei den Armen dazutun. Viele würden das kaum bemerken, die haben so viel. Und ich würde die Löhne angleichen. Es ist doch ungerecht, dass manche sich Tag für Tag, Jahr um Jahr abrackern und trotzdem zu wenig haben zum Leben, während andere nicht mehr wissen, wie sie ihr Geld ausgeben sollen.

**Was hättest du in deinem Leben anders gemacht und was möchtest du noch ändern?**
Ich hätte meine Hobbys zum Beruf gemacht. Buchhändlerin wäre ich gern geworden und Schneiderin und vielleicht noch Gärtnerin. Ein Beruf langt heute nicht mehr. Man sollte zwei, besser drei unterschiedliche Lehren machen, denn man weiss nie, welche Branchen floppen und wo gerade Leute gebraucht werden. Was ich jetzt ändern möchte? Solange ich noch Surprise verkaufe, habe ich keine Zeit, mir über das Gedanken zu machen. Ich muss schauen, dass ich mein Einkommen hinkriege – und einfacher ist es in letzter Zeit nicht geworden, eher härter, man spürt die Existenzangst in der Bevölkerung. Wenn ich pensioniert bin, werde ich mir sicher mal in aller Ruhe überlegen, was ich will. Ich werde aber bestimmt nichts radikal ändern, ich bin soweit ganz zufrieden mit meinem Leben. Wie alles gelaufen ist und läuft.

**Was ist das Schönste & Wichtigste, das du hast?**
Meine Familie. Da weiss ich, auf die kann ich mich verlassen. Eins ist fürs andere da.

**Was ist dein einprägsamstes Erlebnis?**
Oh ... da gibt es viele. Es ist doch so: Mit allem Neuen, das passiert, wird das, was man für unvergesslich hielt, immer unbedeutender. Was ich aber nie vergessen werde, und wenn noch so viele Jahre vergehen, das ist der Tod meiner Schwester. Sie starb drei Tage nach der Geburt ihres Bébés, mit 29. Da kommt man schon ins Grübeln. Warum gerade sie? Mit einer Geburt sollte doch etwas Neues beginnen – und auf einmal ist es das Ende.

**Was ist und bedeutet Erfolg für dich?**
Ein wenig materielle Sicherheit. Und Zufriedenheit. Wenn ich abends sagen kann: Heute hab ich gut verkauft und hatte nette Begegnungen mit interessanten Menschen, dann fühle ich mich erfolgreich.

**Hast du ein Vorbild? Wen und warum?**
Verschiedene. Mein grösstes Idol ist Ruth Dreifuss, wegen ihrem sozialen Engagement und wegen ihrer offenen Art. Mir imponiert, wie sie vor die Leute hinstand und Klartext redete, auch wenn sie etwas Unpopuläres vertreten musste. Sie hat sich nie vor Unangenehmem gedrückt, wie viele andere Politiker. Menschen, die nicht um den heissen Brei herumreden und sich nicht vor Schwierigkeiten und Verantwortung davonmachen – das sind für mich Vorbilder.

**Was macht dich glücklich? Und was ärgert dich?**
Glück ist ein Tag, an dem alles stimmt. Was mich ärgert, sind diese Miesmacher, die nur schwarzmalen und alles negativ sehen und ihre Laune erst noch an andern auslassen. Unter solchen Menschen ist mir unwohl.

**Gibt es etwas, das du noch lernen möchtest?**
Sprachen. Vor allem Französisch und Englisch. Französisch kann ich zwar recht gut, doch wenn wir in die Westschweiz Skifahren gehen, würde ich mich gern noch besser mit den Leuten unterhalten können. Ich bin halt ein kontaktfreudiger Mensch, der Austausch mit andern gibt mir viel. Und die Leute reden lieber mit dir, wenn sie sehen, du gibst dir Mühe und versuchst, dich in ihrer Sprache mit ihnen zu unterhalten. Englisch braucht man heute einfach. Nach meiner Pensionierung will ich ja mehr reisen, und da bist du aufgeschmissen ohne Englisch.

**Was gibt dir Hoffnung?**
Hmm ... was sagt man dazu? Das Wissen, dass es einem noch so schlecht gehen kann – irgendwann ist immer die Talsohle erreicht, und von da an kann es nur noch obsi gehen. Das lässt mich nie verzweifeln. Ich weiss: Der Tunnel kann noch so lange und dunkel sein, ich werde wieder ans Licht kommen.

# Träume am Strassenrand

Sie ist kämpferisch, unangepasst, leidenschaftlich, er zweifelnd, suchend, oft überfordert mit sich und der Welt. Seit sechs Jahren sind Katrin und Rico zusammen. Gemeinsam machten sie sich auf die Suche nach dem Glück – doch bis jetzt fanden sie es nicht. Jeden Tag müssen sie neu ums Leben und Überleben kämpfen, die anfängliche Romantik des Gassenlebens hat sich längst im täglichen Elend verloren. Doch die beiden ahnen, dass sie jene unsichtbare Grenze, die den Grat bildet zur Möglichkeit, ins bürgerliche Leben zurückzukehren, schon überschritten haben. Und es wäre für sie auch keine wählbare Alternative.

Der Tag beginnt gut für Katrin. Sie konnte sich eine Hefeschnecke für einen Franken zehn und ein Dosenbier für 65 Rappen leisten und hat noch immer zwei zwanzig in der Tasche. Und vier Surprise. Während wir zur Shoppingmeile im Basler Bahnhof hinaufrollen, schluckt sie den letzten Bissen runter und spült mit einem Schluck Bier nach. Sie sagt: «Ich versuch, am Abend immer wenigstens das Geld für etwas Süsses wegzulegen, das brauch ich, sonst komm ich nicht recht auf Touren. Ein Bier dazu ist schon Luxus.» Oben angelangt, kauert sie neben dem Postomaten auf den Boden, um die Magazine aus dem abgewetzten Rucksack zu kramen. Statt mit Lederkordeln ist er mit einer Schnur zusammengebunden, die sich verknotet hat. «Shit, es ist immer dasselbe», flucht Katrin entnervt. Die Handschuhe fliegen auf den Boden. «Ich müsste längst einen neuen Rucksack haben, aber wie bezahlen?»

Die Rolltreppen schlucken und spucken Menschen aus. Stimmen, Lautsprecherdurchsagen, das Quietschen ein- und ausfahrender Züge verweben sich zu einem konstanten Lärmteppich, der Katrins Surprise-Rufe aufsaugt. Niemand beachtet die zierliche junge Frau. «Irgendwie läufts in letzter Zeit mit dem Verkaufen echt nicht», seufzt sie nach einer erfolglosen Viertelstunde. Sie tigert auf und ab, bindet die halblangen Haare immer wieder neu zum Rossschwanz. Momentan sind sie pinkblond gefärbt, das wechselt alle ein, zwei Monate. «Hast du mir eine Zigi?», bittet sie. «Ich muss erst Stutz machen, damit ich mir welche kaufen kann.» Sie raucht hastig ein paar Züge – «das ist meine erste heute» – , holt das hinter dem Rucksack versteckte Bier hervor, wendet sich ab, trinkt leer, zerquetscht die Dose, wirft sie in den Abfalleimer, zieht ein letztes Mal an der Marlboro, kickt die Kippe in eine Ecke und geht wieder «Surprise» rufend hin und her. Wenn sie in einer Viertelstunde noch kein Heft weghabe, versuche sie es im Gundeli, dem Quartier hinter dem Bahnhof, beschliesst sie. Drei Minuten später drängt sie zum Aufbruch.

Es ist kurz nach zwölf. Schüler und Bürolisten drängeln sich über die Mittagspause in den Coop. Eine Bise fegt über die Weihnachtssterne, die vor dem Eingang zum Aktionspreis von vier Franken sechzig angeboten werden. Drinnen gibts als Sonderangebot vier Schweinskoteletts für nur sechs Franken oder drei Paar Socken für einen Zehner oder die Tafel Schokolade zwanzig Rappen billiger. Katrin stellt sich zwischen die schreiend gelben Aktionstafeln. Sie trägt schwarze Lederhosen, einen braunweiss geriffelten Wollpulli, darüber eine dünne Kapuzenjacke und eine schwarze Lederjacke. Obwohl sie sich Mühe gibt zu lächeln, kann sie ihre frustrierte Ungeduld nicht ganz verbergen. «Wenn du nichts verkaufst, ist es wirklich deprimierend», seufzt sie, während Plastiktüten und Aktenmappen vorüberschlängeln. «Aber da muss ich halt durch, oder. Ich meine, was hab ich für eine Wahl. Ich muss was machen, ich brauch den Stutz, ich kann nicht dasitzen und rumjammern: Ich mag nicht – das kann ich mir nicht leisten, oder. Das Geld fliegt mir nicht in den Schoss.» Sie holt kurz Luft. Wenn Katrin mal in Fahrt ist, dann ist sie kaum zu bremsen, sie redet nonstop, ohne auf Bemerkungen zu reagieren oder Antworten zu erwarten, überrollt ihr Gegenüber, überrollt sich selbst. «Es ist sicher nicht so, dass ich nichts tue, mir auf Kosten des

Staates ein gemütliches Leben mache, wie viele denken. Ich arbeite jeden Tag meine sieben, acht Stunden. Und steh mal so lange auf der Strasse. Am Abend bin ich kaputt. Ich kenne auch keine Wochenenden, wenn es am Samstag wirklich gut gelaufen ist, muss ich am Sonntag vielleicht bloss drei, vier Stunden Gitarre spielen. Aber das muss ich, das macht …» Sie unterbricht sich. Ja, das sei das neue Surprise, versichert sie einem Mittdreissiger mit Glatze und Ziegenbärtchen. Er kauft es. Ein älterer Herr, der aus der Entfernung zugesehen hat, humpelt auf seinen Stock gestützt heran, sein Dackel kläfft wütend. «Geben Sie mir auch so eins», brummt er. Er habe Katrin schon oft gesehen, da nehme es ihn mal wunder und so, und er fände es ja gut, dass sie etwas mache. Er drückt ihr einen Franken Trinkgeld in die klamme Hand. Innert einer Viertelstunde ist Katrin die zwei letzten Surprise auch noch los. Es ist zwanzig vor eins. Sie hat jetzt gut zwanzig Franken im Sack.

Katrin wuchs in einem dieser gesichtslosen Orte in der Provinz auf. In einer Familie, in der jahrelang gestritten oder geschwiegen wurde. Ihr Vater, ein Selfmademan, hatte sich zum Millionär hochgerackert. Er wollte das Beste für seine Kinder, sie sollten es zu was bringen, und er bemerkte nicht, dass die Liebe und seine Familie an seiner Zielstrebigkeit zerbrachen. Er war hart geworden und unnachgiebig gegen sich und andere. Für ihn zählten einzig Geld, Erfolg, Macht. «Sein Credo war: Du musst immer die Beste sein, schon der zweite Platz ist bloss für Verlierer», erinnert sich Katrin. Sie mochte sich dem Erfolgsdruck nicht fügen. So wie ihr Vater wollte sie nicht werden. Mit siebzehn brach sie die Schule ab. Sie hatte natürlich das Gymnasium besucht. «Uns wurde von klein auf eingebläut, wir seien die Elite, die kommenden Wirtschaftsbosse», sagt sie. «Da wird von Anfang an in Starke und Schwache selektiert, und du hast kaum eine Chance zu entkommen, du wirst in eine Schublade gesteckt und auf deine Rolle in der Gesellschaft vorbereitet. Das hat mich extrem gestört. Es ist doch keiner ein besserer Mensch, nur weil er gut ist im Rechnen oder in Grammatik.»

Katrin träumte viel als Teenager. Träumte von der Welt, ohne zu wissen, wie sie sich die vorstellen sollte. Sie wollte weg, denn sie hatte diese Idee im Kopf: Das Leben ist woanders, und da ist es besser und schöner als hier. Ihre Mutter hatte den Vater inzwischen verlassen. Das war vor acht Jahren. Katrin hat erst seit kurzem wieder sporadisch Kontakt mit ihm. Die Mutter chrampfte sich ab, um die Kinder durchzubringen. Luxus hatten sie keinen mehr, dafür Liebe und Ruhe. Katrin sagt: «Meine Mami ist mein Vorbild, sie ist eine wahnsinnig starke Frau. Sie hatte es verdammt schwer in ihrem Leben, hat sich aber nie unterkriegen lassen und sich immer ihre Liebe und Menschlichkeit bewahrt, dafür bewundere ich sie.» Bei ihr fand und findet Katrin immer Halt. Doch als sie Rico kennen lernte, zog es sie endgültig weg aus der Provinz.

Rico war ein Träumer wie sie, nur stärker und mutiger, er hatte schon mehr erlebt. Mit fünfzehn war er von der Schule geflogen und daheim ausgerissen. Seine Eltern hatten ihm die Welt zu Füssen gelegt, doch es war nicht die Welt, die er suchte. Ein paar Monate hatte er auf der Strasse gelebt. Nachdem er von der Polizei aufgegriffen und nach Hause spediert worden war, fanden die Eltern für ihn eine neue Schule. Bald ging Rico wieder auf Kurve – wollte den Schulabschluss diesmal aber trotzdem schaffen. Der Versuch überdauerte zwei Monate. Rico wurde wegen seiner Lebensart, weil er auf der Strasse lebte, von der Schule verwiesen. Obwohl die Leistungen gestimmt hatten. Eine Anlehre als Koch brach er ab, weil er dem Druck nicht standhielt. Und weil er mit Katrin zusammen zuerst mal die Welt entdecken wollte. Gemeinsam, dachten sie, würden sie es schaffen. Sie gingen nach Basel in der naiven Hoffnung, da ganz neu anfangen zu können. Einen guten Job zu finden und Geld zu machen, sobald sie wollten. Doch so pressant hatten sie es mit dem Neuanfang nicht. Sie wollten sich erst einmal eine Weile treiben lassen, leben, ihren eigenen Weg suchen, alles versuchen. Dabei verloren sie sich selbst. «Wir suchten in Basel das Leben und das Glück», hatte Rico einmal gesagt. «Doch bisher fanden wir hier nur Drogen.»

«Shit», flucht Katrin. «Ich hab echt keine Zeit.» Das Zweier-Tram ist ihr vor der Nase abgefahren. Nun muss sie sieben Minuten aufs Nächste warten. Sie versetzt dem hintersten Wagen einen Tritt. «Rico wartet daheim, er braucht Heroin, er ist voll auf dem Aff», sagt sie und rennt noch in den Coop, um Zigis zu holen, bis das nächste Tram kommt. Abgetakelte Alkoholiker und halbwüchsige Jungs und Mädels mit ihren Hunden und Ratten, Bierdosen oder Joints in der Hand, lungern vor dem Laden herum. «He, Ratte, wie gehts», begrüsst Katrin eine kräftige junge Frau mit offenem, wachem Blick. Sie ist mit nietenbespickten Halsbändern behängt und trägt die Haare zu einem grünen Iro aufgesteckt. «Puh, du weisst ja, die Bullen haben die ‹Elsie›, wo ich gewohnt hab, geräumt, seither ist es recht stressig mit dem Schlafen und so. Und selbst?» – «So lala. Immer das Gleiche. Du, he, ich muss, Rico wartet daheim. Man sieht sich.» – «Alles klar.» Vor dem McDonalds nebenan hängen ein paar ausländische Kids ab. «Surprise. Strassenmagazin», nölen sie höhnisch. «Idioten», schnaubt Katrin zornig. «Diese aufgemotzten Scheiss-Teenies, die meinen, sie müssten mich nachäffen, das nervt echt. Sorry, ich meine, die haben doch null Ahnung vom Leben, die meisten gehen noch zur Schule und wenn die mal eine Lehrstelle oder einen Job finden müssen, werden einige von denen, die mich jetzt verspotten und verachten, bös auf die Welt kommen. Jeder zwanzigste Jugendliche ist heute arbeitslos und ich glaube nicht …» – «Ein Päckchen Marlboro bitte», sagt sie zur Verkäuferin und bezahlt – «… ich hoffe es für sie, aber ich glaub einfach nicht, dass die alle zu den Glücklichen und Erfolgreichen gehören werden, die eine glatte Karriere vor sich haben. Ich werde vor allem von jungen Ausländern angefickt, und was soll ich denen sagen: ‹Öhhh, wenn ihr nicht in der Schweiz wärt, hätte ich einen Job.› Tschuldigung, das ist ja auch nicht so, das ist voll unfair und entspricht nicht der Realität. Ich will einfach respektiert werden.» Katrin hat sich in Rage geredet. Eine Frau im Pelz, die aus dem Zweier steigt, weicht der aufgebrachten Punkerin ängstlich aus. Im Tram wünscht ein Tonband allen einen angenehmen Aufenthalt in Basel.

Das Gassenzimmer liegt zwischen Fabrikkaminen, einem Autobahnzubringer und Niemandsland, in einem Quartier, wo die Klingeln an den grauen Betonklötzen, die im Boom der späten Siebziger hochgezogen worden waren, fast nur mit ausländischen Namen beschriftet sind. Von der Tramhaltestelle ist es zu Fuss zehn Minuten. Auf dem Weg erzählt Katrin, wie Heroin ihr einst die Sterne versprochen hatte, aber es hatte ihr nicht gesagt, was der nächste Morgen mit sich bringt. Aus purer Neugier hatte sie Heroin probiert. Und auf einmal war da dieses Gefühl, fast alles gefunden zu haben, wonach sie sich gesehnt hatte. Sie war ein Teenager voller Träume und Pläne, Ängste und Zweifel. Der Abstieg von der Lust in die Sucht erfolgte wie fast immer unbemerkt und schleichend. Die Momente, wo sie Geld hatte für einen Heroinknall oder Lust oder die Gelegenheit, häuften sich, und Gründe liessen sich immer finden. Als Katrin sich eines Morgens beim Erwachen elend und zittrig

fühlte, fror und schwitzte, wurde die Ahnung, dass sie das Heroin braucht, zur Gewissheit. Irgendwie war ihr das egal. Das war vor vier Jahren. Damals hatte sich die anfängliche Romantik des Gasserlebens schon im täglichen Elend verloren, und hinter der scheinbaren Menschlichkeit zeigte sich Egoismus. Die Gasse, merkte Katrin, war so kapitalistisch, rücksichtslos und konsumorientiert wie jede andere Gesellschaftsschicht. Katrin sah es, wollte es aber nicht wahrhaben. Sie ahnte, dass sie jene unsichtbare Grenze, die den Grat bildet zur Möglichkeit, ins bürgerliche Leben zurückzukehren, schon überschritten hatte. Und es wäre für sie immer noch keine wählbare Alternative gewesen. Heroin bot ihr einen Fluchtweg. Wenn der Flash durch ihren Kopf rauschte, konnte sie für einen Moment all ihre Probleme hinter sich lassen und sich die Welt so träumen, wie sie sie sehen wollte.

Schon hundert Meter vor dem Gassenzimmer hört man die unübliche Stille. «Nein, bitte nicht», seufzt Katrin und kickt eine leere Bierdose in den Rinnstein. «Nicht jetzt.» Es ist halb zwei. Wir treten durch die Holztür in den Innenhof vor dem Gassenzimmer. Die Leute lehnen rauchend oder biertrinkend an der Wand oder hocken am Boden. Drei Polizisten stehen da und schauen und warten. Niemand wird kontrolliert, nichts gesucht. Die Aktion hat einzig den Zweck, die Leute unruhig zu machen. «Verdammt, das hätte echt nicht sein müssen, ich hab wirklich keine Zeit», flucht Katrin, kauert sich auf den Boden und nestelt am Rucksackriemen, der unterwegs gerissen ist. Ein krankhaft magerer Typ mit wirrer Frisur und bekümmerter Miene geht auf und ab, die Arme über dem Kopf erhoben, und vollführt zwischendurch ein paar tänzende Drehungen. Er rempelt eine junge Frau an. «He, pass doch auf», faucht diese und schüttelt die blonden Locken. Sie sieht aus, als ob sie eher in die Schule als hierher gehören würde. «Wölfi, Platz», befiehlt ein bärtiger Rocker einem grauen Wollknäuel, das sich mit ergebenem Seufzen auf den Boden sinken lässt. Er folgt dem Hund und redet auf einen Kumpel ein, der zitternd, mit geschlossenen Augen am Boden sitzt. «Du, der Erich hat mich heute gelinkt. Das Cola war so verschnitten, ich hab nix gespürt, und jetzt ist mein Fünfziger weg, aber der kriegt noch was zu hören du, der soll nur nicht meinen, dass er mit mir …» Er bemerkt,

_Katrin wuchs in einem dieser gesichtslosen Orte in der Provinz auf. In einer Familie, in der jahrelang gestritten oder geschwiegen wurde. Sie träumte viel als Teenager. Und sie wollte weg, denn sie hatte diese Idee im Kopf: Das Leben ist woanders, und da ist es besser und schöner als hier._

dass der andere ihm nicht zuhört, nimmt seinen Wölfi an die Leine und verlässt die Szene. Die Stimmung wird immer gereizter. In einer Ecke brüllen zwei einander an, jäh schlägt der eine dem andern die Faust so hart ins Gesicht, dass dieser mit Nasenbluten am Boden liegt. Nun schreitet die Polizei ein und kontrolliert die Ausweise der beiden. Ein junger Mann auf Krücken humpelt zu uns, lehnt sie gegen die Holzwand und reibt sich die froststarren Hände. Seine Augen unter dem fettigen Pony, der ihm bis zur Nase hängt, blicken erloschen. «Hast du mir eine Zigi?» Katrin streckt ihm wortlos die Marlboros hin. «Scheiss Spiel da, mit den Bullen», wispert er und spuckt auf den Asphalt. – «Hmm. Hoffentlich ziehen die bald ab. Bist du schon lange hier. Hat es Stoff?» – «Ich weiss gutes H. Auch Cola.» – «Mal sehen.» Der Junge zermatscht die Kippe mit der Krücke.

«Bullen, Stutz, Stoff – über was anderes kann man mit den meisten hier nicht reden», meint Katrin. «Irgendwo ist es frustrierend. Ich bin echt froh, dass ich nicht den ganzen Tag hier abhängen und meinen Stutz hier machen muss.» Sie verstummt und betrachtet die Szene mit einem Blick, in dem alle Trauer über sich selbst legt. Meint dann: «Klar kann man jetzt sagen, dass ich mir ab und zu einen Kick mit Surprise finanziere. Das stimmt. Ich bin ja auch nicht glücklich darüber, aber manchmal habe ich halt einfach Lust. Wenigstens verdiene ich den Stutz dafür auf ehrliche, legale Art. Ausserdem fragt man einen Manager ja auch nicht, was er mit seinem Lohn macht. Ob er ihn in Kokain investiert oder zu einer Prostituierten trägt.» Die Polizei hindert die Dealer noch immer an der Arbeit. Katrin holt aus dem Rucksack ein zerfleddertes Buch heraus: «Letzte Hexenprozesse im Mittelalter». Gewöhnlich lese sie, wenn sie warten müsse, sagt sie. «Ich lese eigentlich immer, auf der Strasse, im Tram, auf dem WC. Ich bin süchtig nach Buchstaben.» Am meisten interessiere sie, nebst dem Zeitgeschehen, das Mittelalter. Das fasziniere sie wegen der ganzen Denkart. «Wir könnten einiges davon lernen. Ich finde, man sollte die Lektionen der Geschichte nicht vergessen. Das Mittelalter war eine Zeit mit vielen Umwälzungen, wie heute, und auch damals waren viele Menschen damit überfordert. Doch damals existierte noch viel mehr Demut vor etwas Grösserem, Unerklärlichem, dem wir alle auf Gedeih und Verderben ausgeliefert sind. Es gab auch nicht diesen heutigen Machbarkeitswahn, wo vor allem die Reichen glauben, sie könnten sich alles kaufen, sogar Jugend und Leben. Jeder, ob Bettler oder Adliger, wusste, dass es

### Mit fünfzehn war Rico von der Schule geflogen und daheim ausgerissen. Ein paar Monate lebte er auf der Strasse. Seine Eltern hatten ihm die Welt zu Füssen gelegt, doch es war nicht die Welt, die er suchte.

morgen fertig sein kann. Die Pest zum Beispiel war gerecht, sie liess sich durch Gold nicht fernhalten. Den Menschen war, im Gegensatz zu heute, bewusst, dass der Tod wie ein Damoklesschwert über dem Kopf eines jeden hängt.»

Im Herbst vor drei Jahren war Katrin fix und fertig. Sie sah sich selbst zu, wie sie sich immer mehr zerstörte, wusste aber nicht, wie aufhören, und wollte es auch nicht unbedingt. Sie entkam sich nur noch, wenn sie Heroin in sich hineinpumpte. Der Rausch machte wenigstens den Augenblick erträglich und liess Vergangenheit und Zukunft vergessen. «In mir drin war nichts mehr», sagt Katrin. «Nur Leere, die sich unablässig um mich drehte. Rico und ich waren voll im Tief, finanziell, psychisch und überhaupt. Ich hatte das Gefühl: So tief unten, wie wir sind, kommen wir nie wieder hoch. Wir hatten nicht mal mehr die Motivation zu kämpfen. Das Leben hatte eh keinen Sinn mehr. Wir waren voll auf Heroin, hatten mega Schulden und sahen keinen Ausweg. Wir planten sogar, uns umzubringen. Hatten schon alles vorbereitet. Doch dann haben wir uns gerade noch aufgerafft. Die Hoffnung ist irgendwie stärker als die Resignation. Wenigstens versucht haben wollte ich es.»

Katrin und Rico sahen im Methadon einen Ausweg. Der entlarvte sich aber bald als Sackgasse. «Wenn ich zurück könnte, ich würde es nie wieder nehmen», sagt Katrin. «Mit Methadon will man uns nicht helfen, sondern ruhig stellen. Ich kenne viele, die sitzen, seit sie das Methi haben, nur noch den ganzen Tag voll verladen und apathisch in ihrem Zimmerchen herum. Die Gesellschaft hat ihre Ruhe und muss nicht hinschauen.» Katrin hat ab und zu versucht, ganz mit dem Fixen aufzuhören. Doch immer kam der Punkt, wo das Reissen im Kopf stärker wurde als die Vernunft.

Die Polizisten haben ihre Mission erfüllt und lassen die Dealer weiter arbeiten. Die lähmende Ruhe kippt sogleich in künstlich aufgeladene Hektik. Jeder will, sucht, hat etwas, Pillen und Pulver, geklaute Zigis und Natels werden angeboten, verkauft, getauscht. Katrin schaut sich um, wen sie von den Dealern kennt, Zwanziger und Heroinbriefchen wechseln den Besitzer und wir sind weg. Das Ganze dauerte eine Minute. «Scheisse, nein, ich glaub es nicht, muss uns das Tram schon wieder wegfahren.» Wir rennen zur Haltestelle und haben einen zuvorkommenden Chauffeur. Er wartet. Ausgepumpt lässt sich Katrin auf den Sitz fallen. Sie wirkt abgekämpft. In ihrem Gesicht widerspiegelt sich

eine merkwürdige Mischung aus Resignation und Zorn, die sie verletzlich aussehen lässt. Schweigend starrt sie auf den Rhein, der braun unter dem Tram vorbeifliesst. «Manchmal hasse ich dieses Leben», sagt sie endlich. «Ich bin von allem abhängig, vom Methi, vom Staat, vom Goodwill der Leute undsoweiter. Das wollte ich nicht. Ich hatte alle Voraussetzungen, alle Wege standen mir offen. Aber ich entschied mich damals anders. Statt beruflich Karriere zu machen, wollte ich persönlich weiterkommen. Das würde ich wieder so machen, das bereue ich nicht. Nur ...» Sie wird laut, ihre Stimme kippt vor Zorn und Wut und Frust. «... nur nützt mir das einen Scheissdreck. Ich bin vielleicht ein guter Mensch, andere haben dafür einen Job und ein gesichertes Einkommen, die müssen nicht ständig überlegen, wovon sie morgen leben sollen. Ich mein, ich will kein konventionelles, spiessbürgerliches Leben und mich für einen Hungerlohn abchrampfen, damit die Unternehmer Ende Jahr fette Gewinne einsacken können, aber es gäbe doch noch anderes, was ich tun könnte. Es kann doch nicht sein, dass eine Gesellschaft einfach auf Menschen verzichtet, die wie ich zunächst einen anderen Weg gingen, die keine ‹normale› Biografie haben und keine ‹normale› Karriere machen wollen. Ich meine, ich bin 25 und könnte aus meinem Leben noch was machen. Wenn ich eine Chance kriegen würde ...» Die Lautsprecherstimme sagt die nächste Station an: Novartis. Die heisst erst so nach der Fusion der beiden Chemiegiganten Sandoz und Ciba, die viele Menschen ins berufliche Abseits gespült hatte. Katrin betrachtet abwesend die Dauerbaustelle. Irgendwann soll da mal ein Wissenscampus hin. Sie fährt fort: «Aber in den fünf Jahren, die ich jetzt auf dem Sozialamt bin, wäre noch nie ... in der ganzen Zeit hat kein einziger Sachbearbeiter mir gezeigt, was für Möglichkeiten ich hätte, den Anschluss zu finden. Der sagt zu mir: ‹Machen Sie was, machen Sie was.› Ich frage den: ‹Ja wie denn, wo denn?› Und der: ‹Da müssen Sie selbst schauen, ich hab keine Zeit mehr. Machen Sie in drei Monaten einen neuen Termin.› Wie soll ich allein an diese Infos rankommen? Auf dem Sozialamt kennen sie die Möglichkeiten, nicht ich. Da bekommt man schon das Gefühl: Ihr wollt mich sowieso nicht, wozu soll ich mich denn noch bemühen? Wie soll ich noch Motivation aufbringen, wenn mir ständig zu verstehen gegeben wird, dass man mit mir eh nichts anfangen kann? Es kann doch nicht sein, dass eine Gesellschaft immer mehr Menschen einfach als unbrauchbar ausmustert.»

Wir steigen aus dem Tram. Es ist Viertel vor drei. Katrin holt beim Denner noch zwei Bier. Die Kassiererin, eine dürre Frau mit etwas zu viel Schminke und Parfum, wirft ihr einen abschätzigen Blick zu, sagt weder ‹Guten Tag› noch ‹Auf Wiedersehen›, wie zu den übrigen Kunden. Das trifft. Da ist Katrin besonders empfindlich. Weil sie immer wieder so behandelt wird. «Ich bin doch genauso Kundin und mein Geld ist genauso viel wert», meint sie, als wir den Laden verlassen haben, «aber oft werde ich angeschaut und behandelt, wie wenn ich nächstens den Laden ausrauben wollte. Aber klar, ich bin selber schuld, was lauf ich denn so rum, schliesslich weiss man ja, dass ‹solche Leute› wie ich gern die Finger lang machen.» Während wir warten, dass die Ampel auf Grün springt, nimmt Katrin den Faden von vorher wieder auf. «Es ist doch Wahnsinn, dass immer mehr junge Menschen an die Sozialhilfe abgeschoben werden. Logisch bin ich froh um mein Sozgeld, aber ich hätte verdammt viel lieber einen Job. Ich finde, dem Staat sollte daran gelegen sein, ein paar Millionen zu investieren und Arbeitsplätze zu schaffen für Menschen wie mich. Alles andere ist doch Unsinn. Ich meine, ich bekomme vom Staat 900 Franken zum Leben, 300 für die Miete, 300 für die Krankenkasse und 600 fürs Methadon, das macht 2100 Franken im Monat. Aber ich bezahle keine Steuern, keine Sozialabgaben, habe keine AHV. Es wäre doch gescheiter, die würden mir einen Job geben für, sagen wir, 3000 Franken im Monat, davon müsste ich aber gleich wieder 500 bis 800 Franken an Steuern und Sozialabgaben abliefern. Finan-

Rico, 24, träumt von einem kleinen Häuschen am Waldrand, wo er mit seiner Freundin Katrin und ein paar Tieren leben könnte. «Ich habe viele Wünsche», meint er. «Am Wichtigsten ist mir aber, etwas zu tun, bei dem ich das Gefühl habe, ich könne der Welt etwas geben, das sie verdient.»

Katrin, 25, ist in Muri aufgewachsen, doch schon als Teenager zog es sie aus dem tristen Vorort in eine grössere Stadt. Sie landete in Basel. Sie kämpft darum, irgendwann nicht mehr jeden Tag dem Geld nachrennen zu müssen, sondern ein gesichertes Einkommen zu haben, ohne sich dafür verbiegen zu müssen. «Wenn ich ein wenig Geld auf die Seite legen könnte, dann würde ich reisen», sagt sie. Ihre Traumdestinationen sind Irland und Schottland, weil «es da grün und windig ist».

ziell würde ich etwa gleich stehen, den Staat käme es nicht teurer, ich wäre aber zufriedener, es würde einfach runder laufen.»

Katrin wohnt in einem unscheinbaren Block aus den frühen sechziger Jahren, die Umgebung ist bürgerlich gepflegt. Aus dem Briefkasten fischt sie einen Umschlag, murmelt etwas von «verdammten Bussen». Der Lift ruckelt altersschwach in den zweiten Stock. Durch einen dunkeln, engen Flur gehts direkt in den einzigen Raum, aus dem einem überhitzte, abgestandene Luft entgegenschlägt. Katrin reisst das Fenster auf, Rico knallt es wieder zu. «He, scheisse, ich friere.» Er fläzt sich wieder aufs Sofa, die Knie gegen die Brust gedrückt, über dem Wollpulli trägt er eine Lederjacke. «Wo bist du so lange geblieben», fragt er. «Ich kann auch nicht zaubern», gibt Katrin zurück und drückt ihm das Briefchen mit dem Heroin in die Hand, Rico zieht sie kurz an sich und verschwindet dann wortlos im Bad, um den Kick vorzubereiten. Katrin zuckt die Schultern. Seit sechs Jahren sind die beiden ein Paar. Rico war lange der Stärkere, der zu Katrin schaute. Irgendwann aber geriet er von der Spur. Jetzt muss Katrin die Starke sein. Sie sagt: «Ich liebe ihn aber ganz fest, er ist der Mann, mit dem ich zusammenleben will. Wir haben jetzt halt einfach eine Krise, aber ich weiss, dass er wieder so werden wird wie früher. Es tut mir echt weh zu sehen, wie er sich kaputtmacht und sich deswegen immer mehr quält. Er will das doch auch nicht. Aber ich kann ihm nicht helfen, ich kann nur für ihn da sein.»*

Die beiden wohnen in einer Einzimmerwohnung, knappe 30 Quadratmeter. Dafür bezahlen sie fast 700 Franken. Auf dem Boden liegen zerfledderte Zeitungen, Bücher, CDs, Krümel, leere Bierdosen, die Mitte des Raums nimmt ein Sofa von undefinierbarer Farbe ein, das mit Kleidern und amtlich aussehenden Papieren bedeckt ist. Eine graue Matratze mit zwei zerknüllten Decken liegt zwischen Sofa und Fenster, daneben bleibt gerade Platz für einen schmalen Durchgang zum Fenster. Auf den Scheiben klebt ein gelber Nikotinfilm. Katrin öffnet erneut das Fenster und dreht die Heizung herunter. Auf dem Rückweg stösst sie gegen eine halbvolle Blumenvase, die kippt, der Inhalt ergiesst sich auf den Boden. «Shit, das kann auch nur mir passieren, ich bin so was von schusselig», flucht Katrin, während sie gerade noch ein Papier wegreissen kann. Es ist eine Zeichnung, die Rico angefangen hat. « Sorry, echt», meint sie, als sie sieht, dass meine Jacke nass geworden ist, stellt die Vase auf, holt einen Lappen aus der Küche, einem engen, fensterlosen Raum, wischt fahrig das Wasser auf und geht dann ins Bad, wo Rico inzwischen das Heroin in die Spritze aufgezogen und seinen Kick gemacht hat.

Entspannt sitzt Rico auf dem Sofa. Er ist gross und dünn und immer schwarz gekleidet. Sein dunkles Haar ist knapp bis zu den Ohren geschnitten. Mit seinen vollen Lippen wirkt er je nach Situation sensibel oder wie ein trotziger Junge. «Es ist irgendwo beschissen», seufzt er. «Ich drück das Zeug nur noch in mich rein, damit das Reissen im Kopf und die Schmerzen im Körper für ein paar Stunden aufhören. Aber ich spüre nicht mehr viel. Ich fühle mich dann einfach wieder so, wie ich mich gefühlt hatte, bevor ich mit dem Scheiss anfing. Dabei wollte ich doch gerade diesen Gefühlen entkommen.» Er reisst die Bierdose auf, Schaum spritzt aufs Sofa, den er mit dem Handballen zerreibt.

Ricos Geschichte ist die Geschichte eines Teenagers, der an allem zu zweifeln begann, was seine Eltern ihm vorlebten und mit auf den Weg gaben. Viele Teenies tun das. Rico aber warf es aus der Bahn. «Meine Eltern hatten einfach immer Recht», sagt er und setzt die Bierdose an die Lippen. «Auf einmal war da diese Panik in mir: Was, wenn sie nicht Recht haben? Ihre Welt war total heil und sicher. Ich zweifelte immer stärker, vor allem daran, ob es eine so sichere Welt überhaupt geben kann oder ob sie nur eine Illusion ist, die meine Eltern aufgebaut haben, aus Schutz vor der Wirklichkeit. So viel Sicherheit kann einen beunruhigen.» Er nimmt einen Schluck, wischt sich mit dem Handrücken über

den Mund und seufzt tief auf. Sein Blick wird mit einem Mal starr, als wolle er alles durchdringen, würde dahinter aber nichts sehen, dann schaut er wieder wie immer. «Ich wollte meine eigenen Erfahrungen machen. Ausbrechen aus dem Leben, das sie sich für mich gedacht hatten. Er sei völlig behütet aufgewachsen, sagt Rico, seine Eltern wollten ihn vor allem bewahren und beschützen. Sein älterer Bruder begann mit vierzehn zu fixen, bei ihm wollten sie alles anders, besser machen, damit er ja nicht auf die schiefe Bahn gerate. «Sie erlaubten mir nichts, gar nichts. Dabei wollte ich doch nur, was meine Kollegen auch durften. Ich versuchte mit ihnen zu reden, aber sie verstanden mich nicht. Ich hatte auch oft das Gefühl, dass sie mich gar nie recht wahrnahmen. Sie wollten nie wirklich etwas von mir wissen, mich kennen lernen, mich, den Rico, sondern sahen nur das Bild, das sie sich vor mir machten. Das tat irgendwo weh. Sie gaben mir alles, wirklich alles – ausser Freiheit und die Möglichkeit, mich selbst zu werden.» Rico machte darum immer mehr hinter dem Rücken seiner Eltern. Nichts Schlimmes zunächst, nur was Teenies halt so tun: auf Partys gehen, das erste Mal rauchen, sich besaufen, mit dem ersten Mädchen schlafen. Doch er konnte mit niemandem darüber reden und war überfordert von all den neuen Erfahrungen, die auf ihn einstürzten. Rico war vierzehn und allein. Er verlor immer mehr den Boden. «Ich kam in einen völlig falschen Film.» Seine Eltern bemerkten nichts, also begann er zu tun und zu lassen, was er wollte: Er klaute, weil er kein Sackgeld bekam, kletterte aus dem Fenster, weil er nicht weg durfte, und war bis frühmorgens unterwegs, schwänzte die Schule und trieb sich in der Zeit in Baden herum. Er suchte sich Freunde, die seine Eltern sicher abgelehnt hätten, Halbstarke, die auf die Gesellschaft und alle bürgerlichen Konventionen pfiffen. Mit ihnen konnte Rico reden, sie nahmen ihn, wie er war. Das erste Mal in seinem Leben fühlte er sich ernst genommen. Sie zeigten ihm, dass es etwas anderes gibt als das, was seine Eltern lebten und für ihn vorgesehen hatten. Mit ihnen fühlte Rico sich stark genug, «aus diesem Quadrat, in das meine Eltern mich gesteckt hatten, auszubrechen. Das war einfach nicht meine Welt.» Rico nimmt die leere Bierdose in beide Hände, zerquetscht sie und wirft sie gegen das Fenster, von wo sie aufs ungemachte Bett fällt.

Seit Rico das zweite Mal von daheim ausgerissen ist, hat er seine Eltern nicht mehr gesehen. Neun Jahre ist das her. Das liege nicht bloss an ihnen, meint er leise. Er starrt auf den Boden, sein Blick fällt auf ei-

**«Manchmal hasse ich mein Leben», sagt Katrin endlich. In ihrem Gesicht widerspiegelt sich eine merkwürdige Mischung aus Resignation und Zorn, die sie verletzlich aussehen lässt. «Ich bin von allem abhängig, vom Methi, vom Staat, vom Goodwill der Leute undsoweiter. Das wollte ich echt nicht.»**

ne seiner Zeichnungen, er hebt sie auf und betrachtet sie, wie wenn ein Fremder das Bild gemalt hätte. «Ich schäme mich halt auch, irgendwie», meint er noch leiser. «Und sie würden sich wegen mir schämen. Für sie bin ich ein Versager. Ich gehe erst wieder heim, wenn ich aus mir etwas gemacht habe. Sie sind sicher nicht schuld an dem, was ist, es ist mein Leben und ich weiss, sie wollten mein Bestes, aber ich meine, wie soll ich sagen, wenn sie ... ach vergiss es.» Rico steht auf und legt eine Heavy Metal CD in den Recorder. Irgendwer singt irgendwas von einer blutigen Welt, in der Täter sein muss, wer nicht Opfer sein will. Katrins Mutter habe ihnen immer wieder geholfen, auch wenn sie im Gegensatz zu seinen Eltern selbst schmal durch muss. «Mein Mami ist immer zu mir gestanden und das bedeutet mir wahnsinnig viel. Ich finde es total schön, dass sie mich vorbehaltlos liebt, einfach weil ich ein Teil von ihr bin», meint Katrin, die inzwischen ebenfalls ihren Knall gemacht hat. Sie hat den Rest des Gesprächs mit angehört und nimmt Rico stumm in den Arm. «Mein Mami ist der liebste und beste Mensch, den ich kenne.»

Sie drückt Rico noch fester an sich. Leise sagt er: «Manchmal fühlt es sich an, als würde ich jeden Tag ein bisschen sterben, weil immer mehr Träume platzen. Ich frage mich dann ständig, was ich hätte anders machen können, doch dieser Gedanke hinterlässt nur Leere. Die ich wieder mit Heroin fülle. Ich fühle mich manchmal so verdammt als Versager», murmelt er, während der Mann in der CD sich neue Opfer sucht, die er töten und deren Blut er trinken kann, um sich zu spüren.

Rico lässt sich in Katrins Umarmung fallen und murmelt, den Kopf an ihren Hals gedrückt: «Wenn ich Katrin nicht hätte ... wenn ich sie verlieren würde, ich glaube ... ich will mir das gar nicht vorstellen. Sie bedeutet mir so viel. Sie gibt mir das Gefühl, wichtig zu sein. Ich bin für jemanden da, werde gebraucht. Das ist verdammt wichtig, dass du gebraucht wirst in dieser Welt.» Es ist eine Welt, mit der Rico seine Mühe hat, wo er keinen Halt findet und kein Ziel. «Ich komme irgendwie nicht so mit, es geht mir alles zu schnell, ich brauche viel zu lange, um alles zu raffen. Ich mache mir wahnsinnig viele Gedanken, es liegen mir mega viele Dinge am Herzen – am nächsten Tag ist mir aber alles wieder egal. Weil mir alles zuviel ist.» Dann flieht Rico wieder in die Drogen. Um zu vergessen. Um abzuschalten. Um nur mit sich selbst klarkommen zu müssen. Und fühlt sich darum wieder als Versager. Dann kriecht in ihm dieses Gefühl hoch, nicht zu genügen, niemand zu sein, dieses Gefühl, dass sein Leben keinen Sinn hat und sowieso alles aussichtslos ist. Dass er so, wie er ist, abgelehnt wird und es nicht verdient, ernst genommen zu werden. Dieses Gefühl treibt ihn in Depressionen und manchmal schreit es nach einem Strick oder einem Mörder für ihn selbst. Rico kann nur mit Drogen entkommen und mit der Zerstörung dessen, was ihm wichtig ist. Unvermittelt löst er sich aus der Umarmung, richtet sich zu seiner ganzen Grösse auf und meint: «Was solls, ist doch egal, ich pack das schon. Ich schaff das.» Oft verriegelt Rico die Tür zu seiner Welt. Er setzt sein trotziges Klein-Jungen-Gesicht auf. «Ich werde alles dafür tun. Ich will und werde einfach alle Möglichkeiten nutzen, von denen ich das Gefühl habe, dass sie mir gut tun.»

Es ist fast vier Uhr. Katrin wird ungeduldig. Sie ist blank und muss bis am Abend noch mindestens zwanzig, besser dreissig Franken auftreiben. Rico hat noch einen Franken fünfzig. Das reicht für zwei Bier. Er geht sie holen. Inzwischen stopft Katrin Handschuhe, Pulli, eine weitere Jacke, zusätzliche Socken, Sitzkissen in den Rucksack, Dinge, die sie diesen Nachmittag brauchen wird. Draussen treibt ein kalter Wind das Laub vor sich her. Es ist beinahe schon wieder Nacht. «So ist es schon mühsam», seufzt sie. «Ich würde gern einfach daheim bleiben, in der Wärme, und mir mit Rico einen guten Tag machen – aber das kann ich mir gerade die paar Tage leisten, wenn ich den Stutz vom Sozamt gekriegt hab.» Katrin erhält 900 Franken, Rico 700. Davon geht mindestens die Hälfte für Zahlungsbefehle, Ratenzahlungen und Bussen weg. Vom Rest müssen Strom, Heizung, Tram-Abos, Radio- und Fernsehgebühren, kleinere Reparaturen, Kleider, Putzmittel, Toilettenartikel, Zigaretten, Essen bezahlt werden. «Wenn wir etwas auf dem Konto haben, wollen wir uns halt auch mal was gönnen. Klar könnten wir das Geld besser einteilen – aber dann hast du ja gar nichts vom Leben und das ist ganz schön trostlos. So sind wir halt nach einer halben Woche blank, und ich muss wieder jeden Tag schauen, dass ich zu Stutz komme.» Rico lässt auf sich warten. «Wart, ich zeig dir etwas.» Katrin blättert in einem Papierstapel, zieht vier Blätter hervor und überreicht sie mir. «Das hab ich geschrieben.»

Rico kommt mit dem Bier. «Hey Mann, wo warst du denn so lang», motzt Katrin ihn an. «Hab einen Kumpel getroffen.» – «Echt, du weisst doch, dass wir noch dreissig Stutz machen müssen.» – «Ich helfe dir ja.» Wir verlassen die Wärme. Rico will zum Bahnhof, Katrin in der Innenstadt Gitarre spielen. Während der Tramfahrt ist sie ungewohnt still.

«Und, was meinst du zu meinen Gedichten?», fragt sie schliesslich, ohne mich anzuschauen. «Sehr gut», sage ich, und sie nickt fast traurig. «Ich würde so gern etwas aus dem Schreiben machen. Aber wie? Am Abend bin ich kaputt, da mag ich mich nicht mehr hinsetzen und schreiben. Ich würde Zeit brauchen, um mir da etwas aufzubauen, aber woher nehmen?» Sie erwartet keine Antwort.

In der Freien Strasse herrscht vorweihnachtliches Gedränge. Und an jeder Ecke wollen Strassenmusiker oder Bettler mit der Vorfreude oder den Schuldgefühlen der Begüterten ihre Kassen füllen. Katrin findet schliesslich einen Platz vor der Hauptpost. Eine halbe Stunde später liegen zwei Franken Münz im Gitarrenkoffer. Das sind die Momente, wo die Wut und der Neid auf alle, die sich nie Sorgen um Geld machen müssen, die Gedanken härter werden lassen. «Am liebsten würde ich weinen, aber was hab ich davon», meint Katrin. Mit den zwei Franken kann sie gerade die eine Saite ersetzen, die beim Spielen gerissen ist. «Ich sing hier noch ein Lied, dann versuch ich es in der Steinen», beschliesst sie und stimmt die Saiten nach, setzt zu einem Song an und bricht nach ein

**«Sie spielen sehr gut», findet ein Mann. Während Katrin die Gitarre einpackt, meint sie: «Solche Komplimente tun gut, aber gegessen hab ich damit auch nicht. Jetzt spiel ich mir seit einer Stunde die Finger klamm – für ganze vier Franken. Aber ich meine, was hab ich für eine Wahl. Ich muss was machen, ich brauch den Stutz, ich kann nicht dasitzen und rumjammern. Das Geld fliegt mir nicht in den Schoss.»**

paar Takten ab. Sie grinst schief: «Ich spiel etwas Softeres, vielleicht hab ich damit mehr Glück.» Ein Mann bleibt stehen, kommt ein paar Schritte näher, Katrin stimmt einen weiteren Soft-Song an. Er wirft zwei Franken in den Koffer. «Sie spielen sehr gut», findet er. Während sie die Gitarre einpackt, meint sie: «Solche Komplimente tun gut, aber gegessen hab ich damit auch nicht. Jetzt spiel ich mir seit einer Stunde die Finger klamm – für ganze vier Stutz.»

Wir bahnen uns einen Weg durch die Feierabend-Einkäufer. Katrin rennt beinahe. Um keine Zeit zu verlieren. Und um warm zu kriegen. Die Kälte ist in alle Knochen gekrochen, Finger und Füsse sind fast taub. «Heute werde ich kaum vor halb zehn daheim sein», meint Katrin. «Aber jammern ändert nichts.» In der Steinen versperrt ein Mercedes den Platz, an dem Katrin gewöhnlich singt, auf der gegenüberliegenden Seite werden Kabel für die Weihnachtsbeleuchtung hochgezogen. Katrin seufzt. Als Alternative bleibt der Brunnen, ideal ist dieser Ort aber nicht, und zum Bahnhof mag sie noch nicht gehen, «die kennen die paar Lieder, die ich kann, doch alle schon auswendig». Auf dem Weg zum Brunnen strahlt eine ältere Frau Katrin an. Sie trägt unter einem Wildledermantel ein elegantes braunes Deux-Pièces, ist sorgfältig geschminkt und frisiert, unter der Schminke wirkt sie jedoch abgehärmt. «Wie geht es Ihnen denn?», fragt sie, sichtlich erfreut, Katrin zu sehen. Die zuckt die Schultern. «Naja, nicht so mein Tag. Ist auch kalt. Und Ihnen?» – «Sie wissen ja, mein Sohn ...» – «Ist er denn wieder hier? Er wollte doch diese Therapie machen.» – «Er hielt nicht durch. Im Moment wohnt er bei mir, aber es ist nicht einfach. Es tut weh, zusehen zu müssen, wie dein Kind sich kaputt macht, und nichts dagegen tun zu können. Wissen Sie, ich frage mich halt immer noch, warum, was ich denn falsch gemacht habe.» – «Das dürfen Sie nicht denken, Sie haben ...» Ein Weihnachtsbeleuchtungsmann schubst die Frau unsanft zur Seite. «Ich würde gern wieder einmal mit Ihnen plaudern, es hat mir gut getan, aber ich hab in einer Viertelstunde einen Termin bei der Pedicure.» – «Ja, ich muss dann auch wieder, noch ein wenig Geld machen. Oh, danke, aber das war nicht so gemeint.» – «Nehmen Sie, Sie haben mir damals wirklich geholfen. Es ist schön, dass es noch Menschen gibt wie Sie.» Katrin grinst verlegen und schiebt den Fünfliber in die Hosentasche.

## Die Gedichte von Katrin

### Etwas stimmt nicht mit mir

Einmal dachte ich
ich bin nicht normal
Einmal dachte ich
etwas stimmt nicht mit mir
Einmal dachte ich
es ist etwas passiert
Einmal dachte ich
ich werde verrückt
Dann merkte ich
ich drehe durch
Jetzt weiss ich
ich bin nur wahnsinnig.

### Zeit

Wort zum Sonntag:
Zusammenbrechen
Aber keine Angst
Auch im Abbruchstadium
Kann ich mich noch halten
Zeit spielt keine Rolle
Früher oder später wird es dann
halt zu spät sein
Die Asche verglimmt
und keine Trauer.

### Die Wahrheit über die Wahrheit

Was ist Wahrheit?
Ist sie eine sanfte Lüge
die sich in unser Gehirn schleicht?

Einer Erleuchtung gleich
kommt sie über uns
zeigt uns die Schuldigen
und die Tugendhaften.

Sie kriecht in jeden Winkel
schleicht um jede Ecke
sieht in jeden Spalt.

Sie spinnt ihr feines Netz um dich
ohne dass du es merkst
hat sie dich gefunden.

Wahrheit
ist nur eine sanfte Lüge
die sich in unser Gehirn schleicht.

Wahr ist nur der Tod
und sonst nichts
gar nichts.

### Mehr

Unstillbarer Hunger
nach Leben
nach Tod.
Exzess ist das Zauberwort.
Erst am Rande des Todes
merkst du
dass du wirklich lebst
MEHR
ich will alles
und zwar jetzt
Leben in mich aufsaugen
Wahnsinn schrecken
Die Wahrheit sehen
Unendlichkeit spüren
und im Tod ertrinken.

---

Diese Frau, erzählt sie beim Weitergehen, habe ihr vor drei, vier Wochen mehr als eine Viertelstunde beim Spielen zugehört. Als Katrin den Gitarrenkoffer packte, habe die Frau sie angesprochen, ob sie mit ihr etwas trinken gehen würde, sie möchte sie etwas fragen. Die Frau sei ihr sympathisch gewesen und sie habe irgendwie verzweifelt ausgesehen. Sie habe dann erzählt, dass ihr Sohn Drogen nehme und sie nicht mehr wisse, was sie tun solle. «Sie war total verunsichert, denn – das glaubst du nicht – diese Psychoheinis wollten ihr weismachen, sie müsse ihren Sohn voll in den Dreck fallen lassen, dürfe ihn nicht mehr daheim aufnehmen und ihm schon gar kein Geld geben, sonst sei quasi sie schuld, wenn er weiterfixe. Die Frau meinte, das bringe sie nicht übers Herz, sie könne doch ihrem eigenen Kind bei null Grad nicht die Tür vor der Nase zuschlagen. Ich hab ihr dann von meinen Erfahrungen erzählt, wie froh ich bin, dass meine Mutter zu mir steht, wie viel es mir gibt und hilft zu wissen, dass ich notfalls immer heim könnte. Ich glaub, es hat ihr voll gut getan, das zu hören. Das sind doch Idioten, einer Mutter zu sagen, sie müsse ihren Sohn im Dreck kriechen lassen. Da sieht man mal wieder, dass die null Ahnung von der Realität haben, die brüten in ihren geheizten Büros irgendwelche papierene Theorien aus. Wenn sogar seine eigene Mutter ihn fallen lässt, zieht es ihn doch nur noch tiefer runter. Das nimmt ihm allen Glauben und alle Hoffnung.» Katrin fährt sich energisch durchs Haar. «Es macht mich glücklich, wenn ich jemandem helfen kann. Ich werde ab und zu von Leuten angesprochen, die wissen wollen, was ich so mache, was ich denke, wie ich lebe, einige fragen mich sogar um Rat. Im Gundeli, wo ich meistens Surprise verkaufe, bieten mir immer mehr Stammkundinnen, eher gut situierte Frauen, das Du an. Das freut mich natürlich.»

Katrin beschliesst, doch nicht mehr beim Brunnen zu spielen, sondern gleich zum Bahnhof zu gehen. Auf dem Weg dorthin ist sie auffallend schweigsam und nachdenklich. Irgendwann sagt sie, und es klingt fast ein wenig traurig: «Ich bewundere Leute, die sich engagieren, die sich allen Widerständen zum Trotz für oder gegen etwas einsetzen.

Bloss über den Staat und die Gesellschaft abzumotzen, verändert nichts, du musst handeln. Aber wenn man wie ich am Rande lebt, ist es schwer. Ich brauche viel zu viel Zeit und Kraft zum Überleben und so.» Sie verstummt. Bleibt stehen. Wirkt für einen Moment völlig abwesend, in einer Welt, zu der auch sie sich meist keinen Zutritt lässt. Schliesslich meint sie: «Ich kriege oft zu hören, ich sei doch noch jung und solle etwas machen aus meinen Talenten, aus dem, was ich bin. Das stimmt ja schon. Aber irgendwo ist es voll ein Teufelskreis. Ich möchte gegen das, was mich stört in dieser Gesellschaft, ankämpfen, dagegen anschreiben. Es läuft so vieles falsch und es gäbe verdammt viel zu tun. Doch dazu müsste ich erst einmal mein eigenes Leben auf die Reihe kriegen. Im Moment hänge ich irgendwie fest und komme nicht weiter.» Sie lächelt, doch es ist ein ernstes, fast deprimiertes Lächeln. «Ich versuche wenigstens immer dazusein, wenn jemand mich braucht – das ist doch schon huere viel wert.»

Der Zeiger der Bahnhofuhr kriecht gegen sieben. Vor dem Coop steht eine Handvoll Punks und Alkoholiker. Einige betteln die Passanten um ein bisschen Münz an, andere lassen Bierflaschen kreisen. Rico ist nicht unter ihnen. «Ich hab ihn kurz gesehen, aber ich glaub, der ist heim», meint ein junger Mann, dem ein Unterarm fehlt. Katrin seufzt nur und packt die Gitarre aus. Es wird neun Uhr, bis sie siebenundzwanzig Franken zusammengespielt hat.

*Rico hat Anfang Dezember, kurz nachdem diese Reportage verfasst wurde, den Entzug gemacht und eine Therapie angefangen. Er ist noch immer dort und will das Ganze durchziehen. Er hat wieder Boden gefunden und ist daran, seinen Weg zu suchen. Doch er weiss, dass es Zeit brauchen wird. Seit er clean ist, kommen Gefühle, Gedanken und Erinnerungen hoch, die er mit Heroin jahrelang verdeckt hat und mit denen er erst einmal fertig werden muss. Rico ist aber überzeugt, «dass ich es wirklich packen werde. Diese Chance will ich nutzen. Ich will aus mir und meinem Leben doch noch was machen.» ∎

«Ich freue mich zwar über jeden Franken, den die Leute mir zustecken, ohne das Heft zu kaufen, aber unbedingt glücklich darüber bin ich nicht. Schliesslich sind wir gerade nicht am Betteln. Und wir sind auf den Verkauf angewiesen, denn wenn die Surprise-Macher ihren Anteil nicht kriegen, geht das Projekt vor die Hunde und wir stehen auf der Strasse. Surprise Verkaufen ist für mich als Behinderter die einzige Chance, etwas zu tun und mir meine IV-Rente ein wenig aufzubessern. In der Wirtschaft herrscht heute so ein Leistungsdruck. Verständnis oder gar Rücksicht auf meine Behinderung – das kannst du vergessen. Wo ausser bei Surprise könnte ich am Morgen einfach im Bett liegen bleiben, weil ich die ganze Nacht nicht schlafen konnte vor Schmerzen oder in einem psychischen Loch hocke?»

Urs Weyermann, Basel

Jela, 53, fühlt sich daheim in ihrer kleinen, aber gemütlich eingerichteten Wohnung in Zürich am wohlsten. Doch sie muss arbeiten, um zum Unterhalt für die Familie beizutragen. Im Moment verkauft sie Surprise, sie sucht aber schon lange einen Job in einer Küche. «Wenn das klappen würde und wenn es meinem kranken Sohn besser ginge», sagt sie, «dann wäre die Welt für mich vollkommen.»

Trudi, 60, aus Zürich arbeitete jahrelang als Verkäuferin in einem Musikgeschäft. Sie träumt davon, in dieser Branche wieder Fuss zu fassen. «Ich liebe Musik, da kenne ich mich auch wirklich aus», meint sie. «Und ich bin eine gute Verkäuferin, ich liebe den Kontakt zu den Kunden und berate sehr gern.»

Tesfom Tekeste, 23, lebt seit knapp einem Jahr in Winterthur. Eigentlich hätte er gern Geografie studiert – doch als Kriegsdienstverweigerer musste er aus Eritrea fliehen. «Hätte ich in dieser Welt etwas zu sagen, würde ich die Armut in meiner Heimat abschaffen und den kriegerischen Konflikt mit Äthiopien beenden. Solche Kriege sind so sinnlos – und es leiden immer die Menschen darunter, die ihn gar nicht wollen.»

Sigifredo Morales Batalla kommt aus Kolumbien. Seine Familie lebt noch dort, er hat sie seit Jahren nicht mehr gesehen. «Ich träume davon, irgendwann so viel Geld zu haben, dass ich mir den Flug nach Kolumbien leisten und meine Familie endlich mal wieder in den Arm nehmen kann», sagt er.

Der Graubündner Ruedi Kälin, 46, ist leidenschaftlicher Fan des HC Davos. Als Jugendlicher stand er selbst für Davos im Tor, er wurde mit dem Junioren-Team sogar einmal Schweizermeister. Heute versucht er – wenn finanziell möglich – jedes Spiel live zu sehen. «Wenn es mir mal schlecht geht, singe ich das Davos-Lied – und ich fühle mich gleich besser.»

# Die Dutzend-Fragen
## «Kämpfen musst du immer – das gehört ganz einfach zum Leben»

Konstantsein ist nichts für ihn und das Rumhängen überlässt er anderen. Anpacken, chrampfen, kämpfen – das ist seine Lebensphilosophie. Ruedi war Maler und Zügelmann, arbeitete in einer Putzfirma und bei der Stadtreinigung und schlug sich mit zig Gelegenheitsjobs durch. Wenn es ihm irgendwo nicht mehr passte, warf er den Bettel hin und fand immer gleich etwas Neues. Er hat noch keinen Rappen vom Staat abgeholt, das würde sein Stolz auch niemals zulassen. Um über die Runden zu kommen, steht Ruedi im Moment jeden Tag von morgens um sieben bis abends um acht mit Surprise im Zürcher Bahnhof.

**Was wirst du in zehn Jahren machen?**
Das kann man doch nicht sagen. Ich bin nicht der Typ, der lang vorausplant. Grosse Zukunftsträume bringen es nicht, denn wenn du es nicht schaffst, bist du nur enttäuscht. Und je mehr du wolltest, umso tiefer fällst du. Statt gross die Klappe aufzureissen, setze ich mir lieber kleine Ziele, die ich dafür erreiche – und dann kann ich immer noch schauen, wie ich weitermache. Das ist meine Philosophie, damit bin ich bisher gut gefahren. Ich kann mich allerdings recht unter Druck setzen. Wenn ich etwas wirklich will, habe ich es noch immer geschafft. Zum Beispiel auch bei Surprise.

Ich will jedes Mal mehr verkaufen, mich sukzessive steigern, auch wenn es nur zehn oder fünfzehn Hefte mehr sind im Monat. Das ist machbar, das hab ich noch immer hingekriegt. Doch was in zehn Jahren sein wird – wie soll ich das wissen? Ich kann mir vorstellen, dann noch Surprise zu verkaufen, kein Problem – aber was, wenn die Gesundheit nicht mehr mitmacht?

**Was ist dein Traum, dein grösster Wunsch?**
Träume? Da hab ich viele. Ich hoffe, dass der HC Davos noch einmal Schweizermeister wird, solange ich lebe. Dann würde ich wahnsinnig gern ein, zwei Monate nach Kanada reisen, ein Freund lebt dort. Das muss aber nicht heute oder morgen sein. Träume brauchen Zeit, um geträumt zu werden, das macht sie umso schöner. Mein nächster grosser Traum ist, in Chur eine Aussenstelle von Surprise zu eröffnen. Das heisst, es ist kein Traum, es ist mein Ziel. Das werde ich realisieren, davon bin ich überzeugt, nein, das weiss ich. Denn das habe ich mir in den Grind gesetzt, dafür werde ich kämpfen, und dann kriege ich es auch zustande.

**Wer Surprise verkauft, kennt «seine» Stadt. Was gefällt dir da am Besten?**
In Zürich bist du am Puls des Lebens, immer unter Leuten, voll dabei, du bist aber auch

schnell draussen auf dem Land, in der Natur – das gefällt mir. Ich brauche das Stadtleben, ich bin eigentlich immer unterwegs, hocke lieber in der Beiz als daheim. Doch bei Problemen gehe ich gern im Wald spazieren, oder ich setze mich an den See und schaue den Wellen zu, lasse mich auf das Hin und Her des Wassers ein, das beruhigt und inspiriert mich. Diese Stille gibt mir die Kraft, die Dinge wieder anders zu sehen und neu anzupacken. Der See ist für mich der schönste Ort in Zürich. In einer Stadt ohne See könnte ich nicht leben.

**Wenn du könntest, was möchtest du auf der Welt ändern?**
Dass es weniger Hass gibt unter den Menschen und weniger Neid. Jeder will besser sein und mehr haben als der andere, so entsteht Neid. Und aus Neid wird Hass und aus Hass Krieg. Kriege werden eigentlich immer aus drei Gründen geführt: aus Neid auf die Macht eines andern, aus Angst um den Verlust der Macht oder aus dem Wunsch, seine Macht zu vergrössern. Warum heizen die USA den Nahost-Konflikt an? Weil sie ihren Einfluss, ihre Macht dort noch vergrössern wollen. Warum gehen Terroristen gegen den Westen, vor allem die USA vor? Aus Neid und Hass auf deren Macht. Das ist ein Teufelskreis, der sich kaum durchbrechen lässt. Ausser vielleicht, wenn

die Menschen zufrieden wären mit dem, was sie haben. Aber das ist ein Wunschtraum. Denn dafür müssten jene, die zu viel haben, den andern etwas abgeben. Die einen haben halt wirklich zu viel, und die andern haben so wenig, dass sie nicht zufrieden sein können. Neid und Hass wird es immer geben. Der Mensch ist leider so.

**Was hättest du in deinem Leben anders gemacht und was möchtest du noch ändern?**
Eigentlich nichts. Ich bin so weit glücklich. Ich habe immer gemacht, was ich wollte, darum ... nein, ich würde nichts anders machen, wirklich nicht. Ich hab viel gelernt und machte gute Erfahrungen, ich bin eigentlich immer weitergekommen, das zählt für mich. Kämpfen musst du immer. Und heute? Was soll ich ändern? Ich wüsste nicht, was. Ich bin zufrieden, ich bin motiviert – das ist mir wichtig. So macht alles mehr Spass. Solange du Spass hast an dem, was du tust, denkst du nicht einmal daran, was du ändern könntest oder solltest oder willst.

**Was ist das Schönste & Wichtigste, das du hast?**
Meinen Job, der macht mir Spass. Meine Freunde, auf die kann ich mich verlassen. Und Eishockey, das heisst der HC Davos, dafür lebe und arbeite ich.

**Was ist dein einprägsamstes Erlebnis?**
Ich war gerade siebzehn, da setzte mein Vater seinem Leben ein Ende. Noch heute kann ich das nicht wirklich verstehen. Für mich war damit meine unbeschwerte Jugend zu Ende. Ich hatte intensiv Eishockey gespielt, ich stand bei den Elite-Junioren des HC Davos im Goal und wir wurden sogar mal Schweizer-

meister. Ich hätte vielleicht Karriere machen können, doch nach dem Tod meines Vaters hörte ich auf zu spielen. Anderes war wichtiger, vor allem meine Mutter, für sie war es eine sehr harte Zeit und sie brauchte mich. Der HC Davos hat mich aber nie losgelassen. Ich gehe, wenn immer möglich, an jeden Match. Als Davos 2001 Schweizermeister wurde, war ich so was von glücklich und stolz.

**Was ist und bedeutet Erfolg für dich?**
Dass ich mich stets über Wasser halten konnte und noch nie von jemandem abhängig war. Ich hab immer für mich selbst geschaut und keinen roten Cent annehmen müssen, weder vom Sozialamt noch von sonst wem. Das würde ich von mir gar nicht tolerieren, ich hab da meinen Stolz. Und es war immer machbar, du musst halt kämpfen. Zurzeit lebe ich voll von Surprise. Da stehe ich halt meine zehn bis zwölf Stunden am Tag auf der Strasse, aber ich lebe nicht schlecht davon, absolut nicht. Ich will Erfolg haben, ich brauche das, ich bin sehr ehrgeizig und will immer erreichen, was ich mir vorgenommen habe. Dafür setze ich mich schon mal selbst unter Druck. Andere können nicht damit umgehen, mich macht es stark. Und wenn ich mal auf die Schnauze fliege, stecke ich nicht den Kopf in den Sand, sondern stehe wieder auf. So bin ich halt.

**Hast du ein Vorbild? Wen und warum?**
Eigentlich niemanden, nein. Gut, von der Geduld her meine Mutter und vom Kämpfen Können her meinen Vater. Ruhe und Wille sind das halbe Leben. Aber sonst ein Vorbild ... Du bist selbst jemand, und du bist so stark, wie du bist. Wen ich bewundere, ist Arno Del Curto, den Trainer vom HC Davos. Wegen

seinen extremen Entscheiden und seiner Sicherheit und Ruhe, die er dabei ausstrahlt. Der weiss genau, was er will, und zieht es durch, egal, was andere davon halten. Wie der aus nichts etwas machte ... Als er Davos 1995 übernahm, waren die nirgends, er war es, der den Club Schritt um Schritt an die Spitze geführt und dort gehalten hat. Es heisst ja, der Arno sei ein Spinner, doch die Resultate geben ihm am Ende immer Recht – er wurde mit Davos schon Schweizermeister, gewann zwei Mal den Spenglercup und beendete die Saison meistens unter den ersten drei. Er kauft mir übrigens immer ein Surprise ab, und oft plaudern wir noch ein wenig. Er ist ein wirklich guter Typ. Der Arno, der ist ein Kämpfer, wie ich.

**Was macht dich glücklich? Und was ärgert dich?**
Am Morgen aufstehen und verkaufen gehen können – das langt mir, um glücklich zu sein. Ich lebe bescheiden, so bin ich eigentlich immer zufrieden. Mich ärgert auch nichts so schnell, ich nehme alles gelassen – ausser wenn jemand mein Vertrauen missbraucht. Ich bin ein sehr korrekter Mensch und erwarte das auch von den andern. Wenn ich da enttäuscht werde – das ärgert mich wirklich.

**Gibt es etwas, das du noch lernen möchtest?**
Wenn eine Herausforderung kommt, warum nicht? Auf dem Computer würde ich mich gern weiterbilden, dann könnte ich später vielleicht mal bei Surprise im Büro mithelfen. Das würde mir schon noch gefallen.

**Was gibt dir Hoffnung?**
Dass ich gesund bin. Solange ist alles möglich. Ich weiss, dass ich mich immer durchs Leben schlagen kann, wenn ich gesund bin.

«Wie ich zu Surprise kam? Ich lebte damals noch im Obdachlosenheim und hatte gerade den Alkoholentzug hinter mir. Ein Pfleger brachte einmal einen Bund Hefte mit, er hätte da was für mich. Ich lachte ihn aus: ‹So ein Seich, da verkaufst du doch nichts.› Dann probierte ich es trotzdem – und in wenigen Stunden war ich alle los. Am nächsten Tag liess ich mir im Surprise-Büro einen Ausweis machen. Früher fand ich es fast lustiger, es gab nicht all die Reglemente, es war viel freier. Das vermisse ich manchmal schon. Aber es ist jetzt halt so. Ohne Surprise wäre ich wohl zurückgefallen ins Saufen. Da hab ich meine Kollegen und meine Arbeit. Das hilft mir. Ganz allein und ohne nichts zu tun wäre mir hundslangweilig. Gell, ich bin ja schon eine Ewigkeit mit dabei.»

Peter Gamma, Basel

Marika Jonuzzi wohnt in einer kleinen Gemeinde im Kanton Solothurn und verkauft mal in Basel, mal in Olten, mal in Solothurn. Ein Auto zu haben, wäre da nicht schlecht, findet sie. Marika fährt denn auch leidenschaftlich gern Auto. Da fühlt sie sich frei, kann sich für einen Moment in eine Welt ohne Sorgen träumen und die Vergangenheit hinter sich lassen. Ihr grösster Wunsch ist, die Fahrprüfung zu machen, «und dann hätte ich gern ein eigenes Auto».

# «Im Heim wurde ich vereinsamt»

Als Kind wurde sie von Heim zu Heim geschoben. Sie war die geplagte Aussenseiterin, auf der die andern Kinder herumhackten. In der Verkäuferlehre galt sie bald als Zumutung für die Kunden, bei späteren Hilfsjobs fühlte sie sich ständig gehänselt, so dass sie aus Angst immer mehr falsch machte und die Stellen wieder verlor. Marika glaubt nun selbst, dass sie dumm und dick und anders ist. «Was ist denn nicht gut an mir?», fragt sie. «Warum werde ich immer abgelehnt? Warum kann ich nicht sein wie alle anderen? Einfach gleichberechtigt.»

«Ich frage mich immer wieder, was ich falsch mache. Warum ich nicht akzeptiert werde. So wie ich bin, mag mich einfach niemand. Wenn ich andere miteinander reden und lachen höre, macht mich das ganz traurig, weil ich nicht dazugehöre. Ich bin immer allein unterwegs mit meinen Zeitungen. Manchmal nehme ich all meinen Mut zusammen und gehe auf andere Menschen zu, doch meistens sind sie dann ganz gemein zu mir und lachen mich aus. Was ist denn nicht gut an mir? Ich fühle mich überflüssig. Niemand will mit mir zu tun haben, niemand braucht mich.

Ich weiss gar nicht, ob ich in meinem Leben schon einmal so richtig glücklich war. Jedenfalls kann ich mich nicht daran erinnern. Weil, die ganze Zeit beschäftige ich mich immer ständig mit meiner Vergangenheit. Die lässt mir irgendwie keine Zukunft. Ich kann an nichts anderes denken, als dass ich eine schlechte Vergangenheit habe. Ich wuchs bei meiner Grossmutter auf. Die liess mich nie mit den anderen Kindern draussen spielen, ich wurde ganz allein im Zimmer eingesperrt. Das machte mich so traurig. Ich verstand es einfach nicht. Ich hab doch immer versucht, nicht böse zu sein, alles gut und richtig zu machen.

Mit sechs kam ich ins Kinderheim und später in weitere drei Heime. Das war schrecklich. Ich war immer Aussenseiterin, die anderen Kinder haben mich gehänselt und geplagt. Niemand wollte mit mir spielen, es hiess: ‹Schau mal, wie die aussieht, wer mit der zusammen ist, muss eine Geschmacksverstauchung haben.› Die Heimleiter haben mich wegen jedem Scheissdreck bestraft und eingesperrt. Immer war ich schuld. Wenn zum Beispiel im Kühlschrank Essen fehlte, war klar: Die Marika war es. Gut, manchmal war ich es schon, denn essen war mein einziger Trost – aber doch nicht jedes Mal.

Ich war immer überall im Hintertreffen. Alle haben mich abgelehnt und verstossen. Niemand hat mich angenommen. Ich fühlte mich immer ungeliebt. Warum musste ich in diesen Heimen sein und konnte nicht wie andere Kinder bei den Eltern leben und da zur Schule gehen? Es hiess einfach immer, ich sei halt schwierig. Oft sass ich allein auf dem Bett und stellte mir vor, jemand würde kommen und mich in den Arm nehmen und sagen, sie habe mich lieb und würde mir helfen. Aber es kam nie niemand. Am liebsten wäre ich aus diesen Heimen weggelaufen. Einmal stand ich drei Stunden mit gepacktem Koffer am Strassenrand und wartete auf meine Gotte. Sie hatte mir versprochen, mich zu holen, wenn ich es gar nicht mehr aushielte. Sie kam nie.

Das Heim hat mir so viel weggenommen. Da wurde ich vereinsamt. Ich konnte auch nicht die Ausbildung machen, die ich wollte. Gar keine konnte ich machen. Ich wäre gern Säuglingsschwester geworden. Ich weiss auch nicht, warum das nicht ging. Irgendwie war ich in der falschen Schule. Dann begann ich eine Verkäuferlehre, doch bald hiess es, dass ich unbrauchbar sei. Ich sei zu langsam und könne nicht mit Kunden umgehen. Ich sei eine Zumutung. Dabei gab ich mir solche Mühe. Aber ich bekam nie Unterstützung. Nie wurde mir gesagt, was ich falsch mache und wie ich es besser machen könnte. Nie hat jemand versucht, auf mich einzugehen, mich zu verstehen. Wie sollst du etwas schaffen, wenn niemand an dich glaubt?

Ab achtzehn machte ich verschiedene Hilfsjobs – füllte bei der Roche am Fliessband Ampullen ab oder klebte bei Spengler Preisschilder auf Kleider, so Zeug halt. Auch da wurde ich wegen meinem Aussehen und meiner Art gehänselt. Das gab mir so zu schaffen, dass ich mich nicht mehr konzentrieren konnte und immer langsamer wurde und nur noch Fehler beging. Alles wurde immer mehr falsch. Und dann verlor ich den Job wieder. Nirgendwo ging es lange gut. Ich verstehe das nicht: Warum bin ich ein Mensch, der nichts lernen kann? Oft glaub ich selbst, dass ich blöd bin. Wenn ich mit meinen Zeitungen auf der Strasse stehe, denken die Leute doch: Ist die so dumm, dass die nichts anderes kann? Sie machen sich über mich lustig, lassen hinter meinem Rücken böse, gemeine Sprüche fallen. Ich mag nicht immer Surprise verkaufen, sondern möchte auch mal aufsteigen. Warum kann ich nicht im Büro arbeiten, mit Computer oder so? Meine Zukunft sehe ich irgendwie nicht.

Ich muss einfach ständig denken, dass das alles wegen meiner Vergangenheit ist. Wenn mir nur einmal geholfen worden wäre. Wenn mich nur jemand lieb gehabt hätte. Ich hab das Gefühl, die Vergangenheit holt mich immer wieder ein und legt sich wie ein Schatten über mich und mein Leben, über alles. Sie ist wie ein Magnetfeld, das mich anzieht und immer ständig zu denken zwingt: Wie wäre ich, wenn ich eine andere Kindheit gehabt hätte, wo würde ich mich aufhalten, was für Leute würde ich kennen, was für Ideen, Gedanken, Interessen hätte ich, wie würde ich handeln, was würde ich tun – Fragen über Fragen. Und ich weiss nicht, wie das kommt, ich kriege nie Antwort darauf. Ich komme einfach nicht weiter. Bin allein mit all meinen Fragen und dem Haufen Probleme, den ich mit mir herumtrage. Die andern meinen nur: Das nützt dir doch nichts, immer zu grübeln, das ist jetzt halt so, ändern kannst du es nicht mehr, du musst einfach das Beste daraus machen. Das stimmt ja schon, ich versuche es ja. Aber es ist stärker als ich. Die Christen, bei denen ich Antwort und Hilfe suchte, sagen, ich müsse das Ganze Gott überlassen, meine Vergangenheit in seine Hand legen. Sie sagen, wenn ich stark genug wäre im Glauben, hätte ich keine Probleme. Sorgen zu haben, sei ganz schlecht, ein Verbrechen, ja sogar eine Sünde. Rechte Christen, die legen ihre Probleme und Sorgen Jesus hin und der nimmt sie ihnen und dann haben sie fast keine Last. So ist das. Ich versuche das ja. Ich versuche, mich von der Vergangen-

> «Oft sass ich allein auf dem Bett und stellte mir vor, jemand würde kommen und mich in den Arm nehmen und sagen, sie habe mich lieb und würde mir helfen. Aber es kam nie niemand.»

heit zu lösen und keine Probleme mehr zu haben. Manchmal frage ich mich, warum Gott mir denn nicht hilft. Er ist doch der himmlische Vater und ich bin auch sein Kind. Wie alle andern. Ich habe Angst, dass Jesus mich nicht erhört. Aber ich möchte nicht immer Angst haben müssen, dass er seinen Kindern nicht hilft.

So, wie ich bin, bin ich nicht richtig und gut genug, das sieht man doch. Sogar mein Freund sagt, ich sei zu fett und zu abartig, und ich sei schuld, dass er mich verlassen will. Ich weiss auch nicht was los ist, aus was für einem Grund er auf einmal so böse und gemein zu mir ist und nicht mehr mit mir zusammen sein will. Er geht nie mit mir weg. Mit mir, sagt er immer, müsse er sich vor seinen Freunden ja schämen. Er würde doch nicht so reagieren, wenn ich richtig wäre und nicht so dick und anders. Ich liebe ihn und will, dass er mich auch liebt. Aber ich weiss nicht, wie ich das machen kann. In Bern gibt es eine Frau, die macht so schwarze Magie und dann kommt die Liebe zurück. Ich weiss nicht, ob ich mal zu der gehen soll ... ich will doch nur, dass er mich wieder lieb hat. Irgendwie ist in meinem Leben noch nie etwas so gelaufen, wie es sollte oder wie ich mir das wünschte.

Mit zwanzig wurde ich zum Psychiater geschickt, und der hat gesagt, ich müsse eine IV haben, weil in meinem Kopf etwas nicht ganz stimmt. Das war für mich schlimm. Ich fühlte mich total aufgegeben: Aus der wird sowieso nie was, die ist zu nichts zu brauchen. Mit der IV hast du auch nie kein Geld. Ich muss verzichten und verzichten und trotzdem muss ich immer wieder aufs Betreibungsamt. Da einen Verlustschein machen lassen und dort kommt eine Busse und da ein Zahlungsbefehl oder eine Rechnung, die ich nicht bezahlen kann. Daheim unter meinem Bett hab ich einen ganzen Plastiksack voll von dem Zeug. Ich hab keinen Überblick mehr. Es wird irgendwie einfach immer mehr.

Von der IV bekomme ich im Monat 1407 Franken, davon sehe ich aber nur 1000. Einer von der Gemeinde – so einem kleinen Kaff im Kanton Solothurn – verwaltet mein Geld, und der sagt, der Rest sei für AHV und so Zeug. Wenn ich den frage, was mit diesem Geld genau bezahlt wird, kann er mir das nicht recht erklären. Er sagt nur, ich solle mir keine Gedanken machen. Aber ich möchte schon wissen, was mit meinem Geld passiert. Das ist doch normal, oder? Es ist schliesslich mein Geld. Dann erhalte ich noch 575 Franken Ergänzungsleistungen (EL), die sollten die Mietkosten decken, doch für meine Wohnung bezahle ich 1030 Franken. Ja, was soll denn das? Die von der Gemeinde sagen, das sei so, weil ich mit jemandem zusammenwohne, und der müsse die halbe Miete übernehmen. Aber er hat selbst kein Geld. Woher soll er es denn nehmen? Vielleicht bin ich zu gutmütig, aber ich kann andere doch nicht hängen lassen. Es sind doch Menschen, und die sind mir wichtiger als Geld. Die auf der Gemeinde sagen, ich müsse härter sein, doch das ist leichter gesagt, als getan. Irgendwie bleibt immer alles an mir hängen.

Früher hatte ich 1097 Franken EL. Wart, das können wir gerade mal ausrechnen. Also, da sind die 1097 und davon muss man die 575 abziehen, das macht ... äh ... 522 Franken weniger. Und dann noch die 407 Franken, die sie mir auf der Gemeinde nehmen ... das gibt 929 Franken weniger. Das ist schon eine Differenz. Ja, das ist doch ein himmelweiter Unterschied. Das sind ja fast tausend Stutz weniger, als dass ich zugut hätte. Und dann begreifen die nicht einmal, warum ich immer in so einer Scheisse bin, nicht nachmag mit den Rechnungen und immer Zahlungsbefehle und Bussen kriege. Die machen mir Schwierigkeiten nach und nach, indem sie mir mein Geld kürzen. Das ist doch nicht normal. So komm ich nie aus diesem Teufelskreis heraus. Ich finde es eine Schweinerei, was da abgeht. Ich will, dass so schnell wie möglich alles zurückkehrt, wie es war. Ich will wieder meine volle EL, ich will den von der Gemeinde nicht mehr, der soll nicht mehr über meine Finanzen verfügen. Den muss ich schlagartig loswerden. Ich hab weiss Gott keinen Bock, noch weiss Gott wie lange zu warten. Dann die Logik, die der hat. Das ist ein Witz. Weisst du, was für einen Seich der rauslässt: Ich könne mit meinem Geld nicht umgehen. Das ist doch ein fertiger Blödsinn. Ja, warum kann ich mit dem Geld nicht umgehen? Weil ich zu wenig habe. Das ist doch ganz einfach. Ist ja Kunststück, dass ich mit den 545 Franken, die mir bleiben, meine Sachen nicht bezahlen kann. Der blickt da nicht durch, das fällt dem nicht auf, der ist völlig falsch gewickelt. Stell dir vor, Strom und Wasser und Radio und Telefon und

weiss der Kuckuck, was da noch rumliegt an Rechnungen, all das muss ich damit bezahlen. Und erst noch davon leben. Und dann behauptet der, ich könne mit dem Geld nicht umgehen. So ein Scheissdreck.

Wenn ich Surprise nicht hätte ... So hab ich wenigstens ein bisschen mehr und verdiene auch mein eigenes Geld. Oft arbeite ich bis abends spät, um genug zusammenzubringen. Alle Gedanken kreisen ums fehlende Geld. Das macht kaputt. Natürlich ist Geld nicht das Wichtigste im Leben, aber wenn man hat, ist es leichter zu sagen, dass man auch ohne glücklich sein kann. Ich weiss gar nicht, wie das ist, Geld zu haben. Ich hatte noch nie. In unserer Gesellschaft brauchst du aber einfach Geld. Ohne bist du ein Nichts. Und du kannst dir nie was leisten. Ich meine, man sieht es ja, darum laufe ich immer in den gleichen Kleidern herum. Dabei hätte ich so gern mal etwas Schönes zum Anziehen, und neue Schuhe würde ich auch schon lange brauchen.

Armsein heisst ja nicht nur, kein Geld zu haben. Du wirst auch nicht ernst genommen, deine Meinung, deine Wünsche und Träume zählen nicht. Du bist ausgeschlossen. Und keiner hilft dir. Ich weiss auch nicht, wie sich das trifft: Wer Geld hat, der hat Freunde, die auch Geld haben und helfen können. Unsere Freunde haben selbst nichts. Wir können

**«So, wie ich bin, bin ich nicht richtig und gut genug, das sieht man doch. Sogar mein Freund sagt, ich sei zu fett und zu abartig, und ich sei schuld, dass er mich verlassen will.»**

einander nicht wirklich helfen. Ich gebe viel Geld für andere aus. Es sind halt meine Freunde. Und wenn ich ihnen nicht helfe, verliere ich sie. Das passiert mir oft: Wenn ich mal selbst kein Geld habe, lassen sie mich einfach fallen. Das finde ich schon auch nicht ganz richtig, aber ... phhuhh ... ich weiss auch nicht, wie das kommt. Irgendwie ist es blöd, dass ich immer mit Menschen zusammen bin, die Geld brauchen. Ich möchte auch mal Geld für mich ausgeben. Ein grosser Wunsch wäre, die Fahrprüfung zu machen und ein eigenes Auto zu haben. Und ... und ... eben, vielleicht mal ein bisschen besser aussehen, irgendwohin gehen, wo ich abnehmen kann und das Körpergewebe straffen und so. Ich sehe das immer in den Zeitungen, so Sachen, wie man abnimmt. Doch das kostet auch. Warum sehe ich nur so unmöglich aus, dass ich dringend abnehmen muss?

Darum habe ich auch so Hemmungen, wenn ich in der Stadt herumlaufe. Da sind so Hemmschwellen in mir, die mich manchmal völlig blockieren. Ich hab dann das Gefühl, alles falsch zu machen und selbst verkehrt zu sein. Es ist furchtbar. Dann geht gar nichts mehr, und ich mache noch mehr falsch und das ... Wenn jemand, den ich kenne, mich so sieht ... da muss ich mich ja schämen. Darum gehe ich an viele Orte gar nicht mehr hin oder mache Dinge nicht, die ich gern machen würde. Ich traue mich nicht. Ich frag mich immer ständig, was alles passieren könnte ... Und dann passiert garantiert etwas. An der Herbstmesse zum Beispiel wollte ich auf eine Bahn und dann bekamen die den Bügel nicht zu, weil ich ... weil ... äh ... ich war zu dick und musste wieder aussteigen und alle haben das gesehen und gelacht und ich hab mich so schämen müssen. Da traust du dich doch irgendwann gar nichts mehr. Ich denke, das, was dahinter steckt, das liegt viel tiefer in mir drin. Ich kann dieses Gefühl nicht recht definieren, aber ich weiss, wie ich es empfinde. Und wenn andere mich schlecht behandeln oder frech sind zu mir, wird es noch schlimmer. Vor allem, wenn es Menschen sind, die ich gern habe.

Wenn ich nur wüsste, wie das gekommen ist, dass ich diese schlechte Vergangenheit habe. Mein grösster Wunsch wäre, so akzeptiert und respektiert zu werden, wie ich eben bin. Dass nicht alle mich auslachen und gemein sind zu mir. Ich will doch nur einfach sein wie alle andern. Gleichberechtigt.» ∎

# Herbstzeitlosen oder Die Frau an seiner Seite

Dreissig Jahre lang führte Max ein unauffälliges, glückliches Leben. Er ging jeden Morgen zur Arbeit, seit 24 Jahren fuhr er für dieselbe Firma Farben aus, jeden Abend wartete seine Frau mit dem Nachtessen auf ihn. Man schaute noch Fernsehen und ging zu Bett. Dann starb seine Frau. Und eine sicher geglaubte Existenz geriet immer mehr ins Rutschen.

Dass nichts mehr so sein würde, wie es gewesen war, wurde Max erst an jenem Freitag wirklich bewusst. Wie jeden Morgen rasselte um fünf Uhr der Wecker, er duschte und rasierte sich und ging in die Küche. Da stand das erste Mal seit dreissig Jahren kein frischer Kaffee auf dem Tisch. Den hatte stets seine Frau aufgesetzt. Nun lag sie im Spital. Am Sterben. Eigentlich hatte Max an dem Freitag gar nicht arbeiten gehen wollen. Doch sein Chef hatte Druck gemacht. Er brauche ihn, und Max könne seiner Frau ja auch nicht helfen. Max hatte sich wie immer gefügt. Aus Angst, die Stelle zu verlieren. Seit 24 Jahren fuhr er für dieselbe Firma Farben aus. Als er gerade in die Fahrerkabine steigen wollte, rief ihn sein Chef und teilte ihm fast missmutig mit, er habe soeben einen Anruf aus dem Spital erhalten, seine Frau sei tot. Er solle halt gehen. An das, was während den nächsten Stunden geschah, hat Max nur verschwommene Bilder, als ob er gar nicht dabei gewesen wäre, sondern die Geschichte nur aus Erzählungen anderer kennt. Das erste klare Bild ist jener Moment, als ihm plötzlich die in dieser Situation eigentlich absurde Frage durch den Kopf schoss, an die er sich aber wie an einen Strohhalm klammern konnte: Was soll ich am nächsten Tag anziehen? Meine Frau hat mir doch immer die Kleider bereitgelegt. Das war fünf Stunden nach der Todesnachricht. Max sass daheim auf dem Sofa, während Polizeibeamte mit schweizerischer Gründlichkeit sogar die Kehrrichtsäcke durchwühlten auf der Suche nach belastendem Material. «Die verdächtigten mich, etwas mit dem Tod meiner Frau zu tun zu haben», sagt Max, und die Ungläubigkeit und das Entsetzen stehen ihm noch heute, zwei Jahre später, im Gesicht.

Als Max drei Tage vor jenem Freitag von der Arbeit nach Hause kam, lag seine Frau im Bett. Sie habe Migräne, sagte sie. Das hatte sie oft. Doch diesmal sah sie besonders elend aus. Sie wollte aber keinen Arzt. Max fragte nochmals nach, als sie immer wieder aufs Klo rannte. Sie lehnte ab. Doch morgens um halb fünf weckte sie ihn. Sie bekomme kaum mehr Luft, sie wisse nicht, was los sei. Notarzt, Spital, Magen Auspumpen. Seine Frau hatte zum Mittagessen ein Bärlauch-Risotto gekocht. Anstelle von Bärlauch, stellte sich heraus, hatte sie Herbstzeitlosen verwendet. Warten, warten. Allein in der neonkahlen Spitalhalle mit dem Karussell im Kopf: Warum habe ich nicht früher reagiert? Wie konnte das passieren? Ausgerechnet ihr? Irgendwann kam die Ärztin: Man könne noch nichts Genaues … vielleicht … aber … Doch Max wusste, dass es keine Hoffnung mehr gab. Denn da war der Traum, den er eine Woche zuvor gehabt hatte: Er hatte geträumt, dass seine Frau plötzlich nicht mehr da wäre und wie verloren er sich dabei gefühlt habe. Immer wieder schreckte er in jener Nacht schweissgebadet hoch, die Bilder waren so real, dass er sich jeweils auf die andere Bettseite tastete, um sich zu vergewissern, dass es wirklich nur ein Traum war.

## So eine bäumige, liebe Frau

Seiner Frau hatten die Ärzte gesagt, wie es um sie stand. Als Max endlich zu ihr durfte, versuchte sie ihm Hoffnung zu machen. Er wollte aber nicht, dass sie einander etwas vormachten. Wollte offen und ehrlich Abschied nehmen. Dass das möglich war, ist Max noch heute ein Trost. Tag und Nacht sass er an ihrem Bett und redete mit ihr, während sein Blick immer wieder besorgt zu den grünen Kurven wanderte, die über ihrem Kopf flackerten. Seine Frau war schon bald ins Koma gefallen. Trotzdem ist Max überzeugt, dass sie alles mitbekommen und verstanden hatte. Sie wackelte zur Antwort jeweils mit dem grossen Zeh.

«Ich hatte ihr noch so viel zu sagen, das ich ihr nie gesagt hatte. Weil es selbstverständlich war. Weil ich es ihr ja später noch sagen konnte.» Max schweigt. Überlässt sich den Erinnerungen. Bestellt beim Kellner in der Bahnhof-Bar eine Ovo und rührt abwesend darin, auf der Suche nach Worten, die ihre Beziehung beschreiben könnten. Doch die Gedanken und Gefühle in seinem Innern prallen gegen verschlossene Türen. Max ist sich nicht gewohnt, über sich zu reden. «Sie war so eine bäumige, liebe Frau», meint er schliesslich.

Max musste feststellen, dass der wirkliche Schmerz nicht mit dem Tod kommt und auch nicht die ersten Wochen danach. Der wahre Schmerz beginnt erst, wenn man sich wieder im Alltag zurechtfinden muss. Weiterleben muss. Lange wollte Max nicht wahrhaben, dass seine Frau wirklich tot ist. Nie wieder kommen wird. Erst nach jenem Vorfall mit den Schlüsseln gestand er es sich ein. Wie es gekommen war, dass er statt seiner eigenen die Wohnungsschlüssel seiner verstorbenen Frau eingesteckt hatte, weiss Max noch heute nicht. Und noch weniger, wie er sie verlieren konnte. Sie blieben trotz tagelangem Suchen unauffindbar. Er hat die Vermutung, dass seine Frau sich ihre Schlüssel geholt hat. Um auch vom Himmel in die Wohnung zu kommen. Max ist gläubig, aktives Mitglied einer Freikirche. Seine Frau, ist er überzeugt, sei jede Nacht bei ihm gewesen. Wenn er morgens erwachte, hatte er wieder genug Kraft, um den Tag zu überstehen, abends fühlte er sich jeweils absolut leer. «Man merkt erst, wie sehr der andere einem fehlt, wenn er nicht mehr da ist und von einem Tag auf den andern …» Seine Stimme verliert sich in den Gedanken an jene Zeit, wo er nach der Arbeit noch so lange mit dem Velo in der Gegend herumfuhr, bis er so müde war, dass er einfach ins Bett fallen konnte. Er hielt es nicht aus, allein in der Wohnung, wo dreissig Jahre lang seine Frau mit dem Abendessen auf ihn gewartet hatte. Nach ihrem Tod vernachlässigte Max alles. Auch sich selbst. Er ass nur noch Junkfood. Begann wieder zu trinken – nachdem er sein Alkoholproblem jahrelang im Griff gehabt hatte. «Ohne meine Frau war mein Leben sowieso sinnlos.»

## Grosspapi, chumm eifach zu üs

Nur seiner Tochter gelang es, ihn aufzurütteln und aus dem Schneckenhaus herauszuholen. Und seinen Enkelkindern. An innen hängt Max. Noch heute fährt er zu ihnen, wenn ihn mal wieder die Trauer überwältigt. Nach einem Nachmittag mit ihrer kindlichen Unbeschwertheit fühlt er sich dem Leben wieder gewachsen. «Ich weiss nicht, was ich ohne sie gemacht hätte.» Stefanie, die Älteste, habe ihm oft gesagt: «Grosspapi, wenn du truurig bisch, denn chumm eifach zu üs.» Sie war bei jenem Risottoessen bei ihnen auf Besuch. Doch sie spuckte den ersten Löffel aus, weil es ihr zu bitter war. Das bestärkt Max in seinem Glauben, dass jeder Mensch auf Erden eine Aufgabe hat und seinen Auftrag erledigen muss und dann von Gott geholt wird. Dieser Glaube hilft ihm, einen Sinn in sinnlosen Umständen zu sehen. «Meine Frau musste gehen, ihre Zeit war halt einfach abgelaufen», sagt Max. «Das Enkel dagegen wurde zurückgepfiffen.»

Schon eine Woche nach der Beerdigung machte der Chef in der Firma erneut Druck: Max solle sich mit dem Tod seiner Frau abfinden und endlich vergessen. «Ja, vergessen, einfach den Menschen vergessen, mit dem du dreissig Jahre lang verheiratet warst. Vergessen.» Max rührt heftig in seiner Ovo und umklammert den Löffel so fest, dass seine Faust zittert. Zum ersten Mal erhebt er die Stimme, einige Leute in der

Bahnhof-Bar drehen die Köpfe. «Das Leben geht ja weiter. Jaja. All diese blöden Sprüche.» Dieses Unverständnis war für Max etwas vom Schlimmsten. Nie, sagt er, nie habe ihn jemand gefragt, wie es ihm ergehe. Er habe kein einziges tröstendes Wort gehört von den Kollegen, mit denen er zum Teil seit über zehn Jahren zusammenarbeitete. Wenn ihn jemand darauf ansprach, dann nicht aus Anteilnahme sondern aus Sensationslust und unterschwelliger Anklage: Wie man denn bloss Bärlauch mit Herbstzeitlosen verwechseln könne und warum er nichts bemerkt habe. «Ich und meine Gefühle interessierten nicht.» Nur in seiner Kirche fand Max Verständnis und Halt. Da hatte man auch seine Frau gekannt. Sie war es gewesen, die ihn zum Glauben und zu Gott geführt hatte. «Ich weiss, dass sie es da, wo sie ist, schön hat. Sie sieht und begleitet mich, und irgendwann werden wir uns wieder sehen.»

## Albträume in Silbergrau

Max liebte seinen Beruf, eigentlich. Allein in seiner Kabine, mit 80, 100 Sachen über die Autobahn – Freiheit auf vier Rädern war für ihn mehr als bloss ein Schlager. Doch vor etwa sechs Jahren wechselte in der Firma das Management, Abgänge wurden nicht mehr ersetzt, Leute auf die Strasse gestellt und noch mehr Aufträge hereingeholt. Vierzig, fünfzig Überstunden im Monat, die nie kompensiert werden konnten, waren Normalität. Und immer fuhr der Stress mit, weil die Fahrzeiten viel zu eng kalkuliert waren, und mit dem Druck wuchs die Angst, als Nächster den Blauen Brief zu erhalten. Vier Jahre vor dem Tod seiner Frau hatte Max deswegen einen Zusammenbruch gehabt, der ihn für einen Monat in eine Klinik gezwungen hatte. Die guten Vorsätze von dort von wegen zu sich schauen und das Arbeitspensum zu reduzieren zerplatzten aber bald wieder an der Angst vor einer Entlassung. An den Wochenenden war Max gewöhnlich so zerschlagen, dass er die ganze Zeit im Bett verbrachte. Seine Frau, die gern spazieren gegangen wäre oder ins Kino oder an ein Konzert, hatte er mit der Zeit nach seiner Pensionierung vertröstet. In diesem Punkt macht Max sich Vorwürfe: «Es stimmt mich traurig, dass meine Frau auf so vieles verzichten musste. Das bereue ich wirklich.»

Zwei Wochen nach dem Tod seiner Frau liess Max sich, nach sechs Stunden auf Achse, zu einer zusätzlichen Fahrt mit dem Sattelschlepper drängen, obwohl er sich völlig von der Rolle fühlte. Der Kaffee an einer Raststätte machte ihn nur noch müder. Er weiss noch, dass er in die Kabine stieg und den Motor anliess. Danach erinnert er sich erst wieder an einen Knall und etwas Silbergraues, das davonflog. Er war für Sekunden eingenickt und hatte die Beherrschung über den Laster verloren, vier Pfosten gerammt und einen Wagen touchiert, der sich mehrmals überschlug und eine Böschung runterflog. Dass die junge Fahrerin mit einem Schock davonkam, ist für Max ein weiteres Zeichen, dass jeder Mensch seine Lebensuhr hat. Der Polizei erzählte er den Unfallhergang so, dass er sicher sein konnte, sein Billet für einige Monate los zu sein. «Sonst hätte mich der Chef schon tags darauf wieder hinters Steuer gesetzt. Ohne Skrupel.» Max konnte und wollte diese Verantwortung nicht übernehmen. Drei Monate arbeitete er im Lager. Er wäre gern geblieben, doch der Chef liess nicht mit sich reden. Er solle diesen Unfall endlich vergessen. Max konnte nicht vergessen. Jede Nacht schlich sich etwas Silbergraues in seine Träume. Die Schlaftabletten dagegen machten ihn zwar traumlos, aber benommen. Jeden Tag fuhr die Angst vor einem neuen Unfall mit. Nachdem er noch zweimal hinter dem Steuer zusammengebrochen war, fand er nach einer schlaflosen Nacht endlich den Mut, sich krankschreiben zu lassen. Obwohl er ahnte, dass er damit seine Stelle aufs Spiel setzte. Max ist sicher, dass in jener Nacht seine Frau bei ihm gewesen war und ihm die Kraft für diesen längst fälligen Schritt gegeben hatte.

Er war wieder einen Monat in einer Klinik. Endlich konnte er trauern. Hatte Zeit zu verarbeiten – nachdem er ein halbes Jahr lang Abend für Abend mit dem Velo der einsamen Realität davongefahren war. Er konnte sich wieder eine Zukunft denken und wusste, dass er diese Zukunft mit einer Frau teilen wollte. Teilen musste. «Ohne Frau bin ich einfach verloren», sagt er ohne Verlegenheit. «Da hab ich studiert und mir gesagt: Such lieber wieder eine Frau, als für immer in so einem Loch zu leben. Und ich bin sicher, dass meine Frau das gutheisst. Sie weiss ja, dass ich sonst nicht lebensfähig bin. Ich brauche jemanden, der da ist. Der sich auf mich freut. Allein bin ich mir gleichgültig. Und es ist halt auch ein angenehmes Gefühl, wenn beim Heimkommen die Wohnung geputzt, die Kleider gewaschen, das Essen parat sind. Ich brauche eine Frau, damit mein Leben einen Sinn hat.»

## Wie Max eine neue Frau suchte

Max setzte Inserate in die Zeitung und meldete sich auf Annoncen. Alle Treffen wurden, wie er sagt, Katastrophen. Erst als er die Sache Gott übergab, fand er die Richtige. Bei einer Einladung, die ein Freund aus der Kirche für ihn und eine Verwandte gab. «Als ich sie sah, wusste ich: Das ist sie. Wenn nicht sie, dann keine. Sollte es mit ihr nicht gut gehen, liegt es an mir und sicher nicht an ihr.» Es war nicht Liebe oder gar Verliebtheit, die Max empfand, sondern Zuneigung und Verbundenheit. Es war auch eine Art Tauschgeschäft: Sie ist Serbin und wollte in der Schweiz bleiben, er konnte ihr das ermöglichen und war dafür nicht mehr allein.

Max richtete sich allmählich in seinem neuen Leben ein. Dann kam der Blaue Brief. Am ersten Tag, als es gesetzlich möglich war, wurde er von der Firma, für die er sich 24 Jahre lang kaputt gearbeitet hatte, auf die Strasse gesetzt. Er hatte es nicht anders erwartet und war darum völlig unvorbereitet und überrascht, wie tief die Entlassung ihn dennoch traf. «Ich kam mir richtig ‹abedruckt› vor, weil ich so mühelos entsorgt wurde.» Hinzu kamen Probleme mit der Einreisebewilligung seiner Verlobten. Max war 57, hatte 41 Jahre gearbeitet, war 30 Jahre verheiratet gewesen. Bilanz: Frau tot, Job weg, Heirat ungewiss. Sein Leben war in dem Moment endgültig ein Scherbenhaufen. Manchmal nahm Max ein paar Scherben, um sie irgendwie zu einem Ganzen zusammenzusetzen, doch es gelang ihm nie. Max liess sich vollständig fallen. Sein Leben bestand aus Fernsehen, Fressen, Saufen. Ab und zu besuchte er noch das Grab seiner Frau, da fühlte er wenigstens für einen Augenblick Ruhe und Frieden. Nichts schien den Fall aufzuhalten und Max wollte das irgendwie auch nicht. Eigentlich wollte er sterben. Eines Abends ging er wieder auf den Friedhof und bat seine Frau um Hilfe. Zum Leben oder zum Sterben. Ein paar Tage später musste Max wieder einmal zum Arzt. Der sagte ihm dasselbe wie all die andern Male: Wenn er weiter so fresse und saufe, werde er bald tot sein. Max war das immer gleichgültig gewesen. Doch in dem Moment wurde ihm bewusst, «dass meine Frau nicht gewollt hätte, dass ich mich kaputtmache».

## Neuer Job – frisch verliebt – Happy End

Am Tag nach dem Arztbesuch kamen die Papiere für seine Freundin. Einige Tage später sah Max jenes Plakat, mit dem für Surprise Verkäufer gesucht wurden. Bisher hatte er ihnen stets eine Mischung aus Mitleid und Verachtung entgegengebracht. In seinen Augen musste jemand sehr tief gefallen sein, um seine Not so in die Öffentlichkeit zu tragen. Trotzdem liess ihn das Plakat nicht mehr los. Er wusste nichts mit sich anzufangen und brauchte eine Beschäftigung. Er war allein und suchte Anschluss. Und er benötigte Geld. «Ich bittete und betete die ganze Nacht zu Gott», sagt er, und am nächsten Morgen stand Max im Büro und zwei Stunden später als Verkäufer auf der Strasse. Die Laufbahn vom Berufschauffeur zum Surprise-Verkäufer wirkt gegen aussen als Abstieg. Max empfindet das Gegenteil. «Es geht mir so gut wie noch nie. Ich bin einfach absolut glücklich. Sogar meine Tochter sagt, sie sehe mich seit Jahren wieder lachen. Endlich habe ich keinen Druck mehr, ich kann arbeiten, wann und wie ich will, und ich hab bei Surprise wirkliche Freunde gefunden. Es könnte nicht besser sein.» Letzten Juni hat Max seine serbische Freundin geheiratet. «Und jetzt», sagt er und lächelt verlegen, «jetzt bin ich sogar noch einmal so richtig verliebt.» ∎

Max Bachmann, 60, bezeichnet sich selbst als Optimist. Das muss er auch sein, denn das Leben hat ihn in den letzten zwei Jahren arg gebeutelt. Zuerst starb seine Frau, dann verlor er seine Stelle bei einer Zürcher Lastwagenfirma. Fast wäre Max ganz in ein Loch abgeglitten, doch sein Glaube an Gott, an das Gute im Menschen und an sich selbst half ihm, die Krise zu überwinden. «Heute bin ich wieder rundum glücklich und zufrieden», meint er.

# Liebe Asi

Du wolltest immer alles sehen und fühlen, alles leben. Warst stets auf der Suche nach dem Glück. Doch du brauchtest nicht viel, um glücklich zu sein: Liebe, Freunde, Lachen, Sonne, Musik, Bücher, Waldspaziergänge mit deinen beiden Hunden – das war dein Glück. Du wolltest nicht die ausgebauten Strassen gehen, sondern deinen eigenen Weg. Dem bist du konsequent gefolgt – auch wenn er dich immer nur hart am Abgrund entlang führte. Wie oft wusstest du nicht, wo du die Nacht verbringen, wovon du am nächsten Tag leben solltest. Doch auf diesem Weg hast du gefunden, was für dich wesentlich war: ein intensives Leben und bedingungslose Freiheit. Nur wenige Menschen können so leben. Und auch du musstest am Ende teuer bezahlen: mit Dreck und Sucht. Und mit einem frühen Tod.

Als ich erfuhr, dass du an einer Überdosis Heroin gestorben bist, war ich erschüttert. Ich war natürlich traurig, du warst doch erst 24 und wolltest noch so viel leben. Es machte mich irgendwie aber auch wütend: Du nahmst das Gift seit fast zehn Jahren und wusstest doch, dass man vorsichtig sein muss, wenn man den Stoff nicht kennt. Warum hast du nur …? Verdammt, Asi, warum musstest du sterben. Wir wollten doch noch so viel reden, lachen, machen. Du warst ein besonderer Mensch. Daran bist du am Ende wohl gescheitert.

Warum hast du nur wieder angefangen mit diesen Drogen? Du wusstest doch nur zu gut, dass Drogen nicht helfen. Nichts bringen. Ausser noch mehr Probleme. Klar, es kam viel zusammen: Du hattest dich von deinem Freund getrennt – oder er sich von dir, das weiss ich nicht mal so genau – und schienst auch von Surprise enttäuscht. Du kamst mit gewissen Veränderungen nicht zurecht, fühltest dich um deine Vorstellungen betrogen. Surprise und vor allem auch die Bewegung der Strassenzeitungen weltweit, das war dein Ding, da stecktest du all deine Energie rein. Daran hängtest du deine Träume und Hoffnungen. Die sahst du verraten. Als wir darüber redeten, sah ich dich das erste und einzige Mal weinen. Du warst nicht der Mensch zum Weinen, du warst der Mensch zum Kämpfen. Du hast immer gekämpft. Warum diesmal nicht? Warum bist du stattdessen in die Drogen geflüchtet? Man hätte doch reden können miteinander … Und wie ich dich kenne, hättest du sicher auch bei Surprise zum Teil deinen Kopf durchgesetzt. Du warst ein Dickschädel. Wenn du etwas wirklich wolltest, bliebst du hartnäckig.

Ich werde oft gefragt, ob du dir absichtlich eine Überdosis gespritzt hast. Ich bin überzeugt, nein, ich weiss, es war ein Unfall. Du warst nicht der Mensch, der sich einfach so davonmacht. Dafür warst du zu stark. Und hast das Leben zu sehr geliebt. Es hätte viel gebraucht, dass du die Hoffnung aufgegeben hättest. Und nie hättest du Tarabas und Miraculix, deine beiden Hunde, einfach zurückgelassen. Dazu hast du sie zu sehr geliebt. Wir haben in den Wochen vor deinem Tod ja einige Male telefoniert. Du hingst in Rostock fest, weil Polizisten Miraculix angeschossen hatten und er operiert und lange weiterbehandelt werden musste. Du wusstest nicht, wie du das Geld für die

Behandlung zusammenkriegen solltest. Das war eine harte Zeit. Trotzdem hast du meistens zuversichtlich und aufgestellt getönt.

Unsere erste Begegnung werde ich nie vergessen. Es war einer dieser seltenen, speziellen Momente, wo man das Gefühl hat, den andern seit Jahren zu kennen, obwohl man sich das erste Mal sieht. Ich sollte ein Porträt über dich schreiben – und wir haben einfach vier Stunden zusammen gequatscht, ohne zu bemerken, wie die Zeit verging. Bei jenem Gespräch hast du mir viel von dir und deiner Vergangenheit erzählt. Danach haben wir nie mehr gross darüber geredet, du warst nicht der Mensch, der in der Vergangenheit lebte. Die Gegenwart war dir bunt genug. Du sagtest auch immer, dass du nun für dich und dein Leben verantwortlich bist, und du gabst niemandem Schuld. An nichts.

Du hattest es zur Fixerin gebracht, lange bevor du volljährig warst. Dein Vater, erzähltest du mir, habe dich übermässig behüten wollen und dir aus Liebe und aus Angst, du könntest auf die schiefe Bahn geraten, alles verboten, sogar Schulpartys, und sei ausgerastet, als er dich beim ersten unschuldigen Kuss, deiner ersten Zigi, dem ersten Bier erwischte. Du solltest immer die Beste sein. Hättest seine Träume und Hoffnungen erfüllen sollen. Eine Anwältin hatte er in dir gesehen oder eine Ärztin. Doch du warst zu eigenwillig für ein derart vorgespurtes Leben. Fühltest dich in Ketten gelegt und brachst aus. Du warst aber überfordert mit der Freiheit, die du dir nahmst und wo niemand dir Grenzen setzte. Warst allein mit für dich verwirrenden Erfahrungen. Und verlorst den Boden. Du suchtest dir deine Freunde bei rebellierenden Aussenseitern, vor allem Punks, und saugtest gierig alles auf, was dich deiner Vorstellung von Leben näher brachte. Du probiertest auch jegliche Drogen aus und warst bald abhängig, du hast geklaut, dich prostituiert, Freier ausgenommen. Für vieles schämtest du dich später. Mit Fünfzehn bist du erstmals auf der Jugendanwaltschaft gelandet. Psychiatrie, Heim, Jugendknast.

Doch du bist ein starker Mensch geblieben, trotz allem, was man an dir versaut hat, mit einem festen Glauben an dich und deine Träume. Den hast du dir nicht nehmen lassen. Trotz deiner Sucht bewahrtest du dir deine Ideale und Prinzipien. Hast es dir geleistet, Mensch zu sein. Und Mitmensch. Du wolltest nie zur vernünftigen Welt dazugehören. Glück und Vernunft schlossen sich für dich aus. Du hattest es nicht nötig, die Welt zu erobern, weil du sicher warst, darin zu überleben. Du wolltest für dich selber schauen und dich nicht abhängig machen, vom Staat oder wem auch immer. Da hattest du deinen Stolz. Vielleicht einen zu grossen. Weisst du, Asi, manchmal hab ich mich gefragt, ob du dich nicht überforderst. Bis auf einige ganz seltene Male gabst du dich immer stark und selbstsicher. Aber warst du das? Du warst immer für andere da. Wer war für dich da, wenn es dir mal schlecht ging? Wenn du verzweifelt oder müde warst? Es kam mir vor, als dürfe das nicht sein. Asi und Schwachsein – das passte nicht zusammen. Ich weiss natürlich nicht alles von dir. Wir teilten bloss einen kleinen Ausschnitt unserer Leben. Ich weiss aber, dass du auch auf der Gasse zu denen gehörtest, die nicht nur mitliefen, sondern andere mitzogen. Du warst interessiert und neugierig und nahmst dir immer Zeit zum Zuhören. Ich hoffe einfach, dass du Freundinnen und Freunde hattest, bei denen du schwach sein durftest, bei denen du dich auch mal fallen lassen und ausweinen konntest. Ich hatte vor, dich das beim nächsten Treffen zu fragen. Dir zu sagen, dass du immer zu mir kommen kannst. Aber ich glaube, du wusstest es. Letzten Sommer hast du mich ja aus dem Knast angerufen, damit ich ein paar Leute informiere und dir auch sonst helfe. Du hattest bloss ein Telefonat zugut.

Direkt gesagt hast du es zwar nie, aber es war spürbar, dass du etwas enttäuscht warst. Du hattest dir die Gasse menschlicher geträumt. Oft hast du dich darüber geärgert, dass sich sogar hier jeder nur um sich selbst dreht und wenige für andere einstehen, einander helfen. Du hattest längst aufgehört, die Gasse zu romantisieren. Hast lange genug da gelebt, um zu wissen, wie schmal der Grat zwischen ideellem Sein und korruptem Schein ist. Es gibt nur noch wenige, die das Punksein so konsequent leben wie du. Auch darum wirst du fehlen. Das sagen viele, mit denen ich seit deinem Tod sprach. Asi, du wärst noch gebraucht worden.

Du hattest etwas an dir, das die Menschen für dich einnahm. Und zwar nicht nur jene, die wie du als Aussenseiter auf der Gasse leben. Du hast dir auch bei den Normalos, wie du sie genannt hast, Respekt und Achtung verschafft. Weil du ehrlich und konsequent warst, nie gejammert hast, sondern zu dir und deinem Leben gestanden bist. Das war dir wichtig. Ich weiss noch, wie du dich freutest, als ich dir sagte, dass Sina, diese Sängerin, zu deinen «Fans» gehört. Das war zwar nicht dein Musikstil, aber als Frau, die ihren Weg geht, hast du sie bewundert. Du hast alle respektiert, die etwas machten, hast sowieso alle sein lassen, wie sie waren. Du warst aber immer auf der Suche nach anderen Suchenden. Heute, sagtest du einmal, fliegen zu wenig Kanarienvögel herum. Man hatte ihnen die Flügel gestutzt. Und sie bemerkten es erst, als es zu spät war. Einst waren sie nicht so leicht zu töten. Du warst ein Kanarienvogel. Warst durchlöchert, mit Ketten, Nieten, Reifen aufgemotzt. Du fielst auf und provoziertest – das gehörte zu deiner Lebenseinstellung. Das Elend, ob selbst gewählt oder nicht, sollte einen Namen und ein Gesicht haben. Nicht unsichtbar bleiben, damit man nichts damit zu tun haben, nichts davon wissen muss. Nein, Asi, du warst bestimmt nicht namenlos und unsichtbar.

Du kamst mit vielem auf dieser Welt nicht klar. Du konntest und wolltest nichts einfach hinnehmen, dich an nichts gewöhnen. Hast vernehmbar protestiert und dich verweigert. Du hast immer gesagt, was du dachtest, und konntest bei Ungerechtigkeiten rasend wütend werden. Aber auch traurig. Oft warst du enttäuscht über diese Gesellschaft, die Schwache ausspuckt und nur nach der Leistung fragt

und nicht nach dem Menschen. Bloss zu kritisieren, war dir allerdings zu einfach, du hast dich auch engagiert. Zum Beispiel als es darum ging, wie ihr und Normalos auf dem Stadelhofen in Zürich, den ihr als euren Platz beanspruchtet, wenn nicht miteinander, so wenigstens nebeneinander leben können. Zu diesem Thema hast du auch jeden Zeitungsschnipsel gesammelt. Eigentlich wolltest du mir diesen Ordner und deine Sammlung von Strassenzeitungen aus der ganzen Welt geben. Aber wir kamen nicht mehr dazu. Shit, Asi, warum bist du einfach gegangen? Und hast so viele und vieles zurückgelassen?

Ja, ich weiss, du hast gegen deine Drogensucht gekämpft. Du wolltest nicht dem Pfad der Kapputniks folgen, die sich nur hängen lassen und für den nächsten Fix alle Ideale über Bord werfen. Du hast mir mal erzählt, wie es bei dir plötzlich Klick machte, als du ältere Junkies in ihrem sinnlosen Krieg gegen sich selber sahst – und dich selbst in ein paar Jahren. Vor zweieinhalb Jahren schafftest du den Ausstieg. Damals muss eine deiner glücklichsten Zeiten gewesen sein. Du warst froh, dass das Härteste vorüber war – und ahntest nicht, wie schnell es dich einholen würde.

Du hast aber nie – wie viele andere – das Heroin für das verantwortlich gemacht, was in deinem Leben nicht so lief, wie du das wolltest. So leicht machtest du es dir nicht. Dafür hab ich dich geachtet. Du hättest es dir einfacher machen können mit Schuldzuweisungen. Letzten Sommer begannst du zwar vorzugeben, alles sei dir egal. Du schienst dich fallen zu lassen. Doch innen drin war eine verdammte Wut. Und die brennende Sehnsucht, aus deinem Leben etwas zu machen. Die war so spürbar. Du hast trotz allem weitergekämpft. Du wolltest aufhören mit Drogen Nehmen, dann und wann zumindest, wenn du dein Leben davonschwimmen sahst wie ein Paddelboot auf windstiller See. Ich weiss nicht, wie oft du dir geschworen hast, das sei der letzte Kick. Doch dann hast du dich immer weiter von deinen Schwüren entfernt. Es fand sich immer eine Ausrede und ein Dealer und erst hinterher ein Augenblick Zeit, dir selbst zu sagen, dass es das letzte Mal gewesen sei. Du fandest das Glück nicht mehr, das du immer gesucht hast, und wusstest nur zu gut, dass man sich immerhin die Illusion von Glück beim Dealer kaufen kann. Aber eigentlich hast du wohl einfach ein Stück Seele gesucht. Und nicht gefunden.

Trotzdem warst du voller Träume und Pläne. Den letzten Sommer wolltest du im Baskenland verbringen. Doch du hast dir alles Geld in die Venen gejagt, das du für diese Reise gespart hattest. Warum du den Kampf gegen die Drogen am Ende verloren hast, wird wohl nie klar werden. Ich hoffe, dass du wenigstens so gelebt hast, wie du dir ein gutes, rechtes Leben vorgestellt hast. Ich glaube, dass du alles in allem glücklich und vor allem mit dir selbst zufrieden warst. Das tröstet ein wenig über deinen zu frühen Tod hinweg.

Asi, wo immer du auch bist, machs gut!
Simone

Erol, 30, lebt seit knapp einem Jahr in Basel. Geboren ist er in Ankara, wo er lange Zeit in der 1. Liga Fussball spielte. Das ist seine grosse Leidenschaft. Heute trainiert er zwei bis drei Mal in der Woche mit dem FC Binningen. «Mein grösster Wunsch für die Zukunft ist, eine Arbeit zu finden, die mir gefällt, und eine eigene Familie zu gründen. Bei uns ist die Familie der Mittelpunkt des Lebens.»

Haile, 33, lebt schon seit über zweieinhalb Jahren in der Schweiz. Wann er wieder in seine Heimat Eritrea zurückkehren kann, ist ungewiss. Solange dort Bürgerkrieg herrscht, wird er kaum ausgewiesen werden. Trotzdem sitzt der junge Mann quasi ständig auf gepackten Koffern, denn seine Aufenthaltsbewilligung wird immer nur für ein paar Monate verlängert. Das belastet. So hat er im Grunde auch kaum eine Chance, einen Job zu finden. Dabei wäre das sein grösster Wunsch: wieder in seinem gelernten Beruf als Mechaniker zu arbeiten.

Garfield, 34, hat vor kurzem in Zürich seinen ersten eigenen Event organisiert: ein Punk-Konzert mit sechs verschiedenen Bands. «Mein Traum ist, irgendwann davon leben zu können. Dafür kämpfe ich.»

Beinemay Tchumani gehört zu den Menschen, die glücklich sind, wenn sie anderen helfen können. Er lebt als Asylbewerber in Zürich und will und erwartet nicht viel vom Leben. «Wenn ich jeden Morgen gesund aufstehen kann, bin ich mit mir und der Welt total zufrieden.»

Roland Assfalk, 46, kam nach mehrmonatiger Untersuchungshaft nicht mehr auf die Beine und verkauft seither in Bern die Surprise. Die Erfahrungen, die er hinter Gittern gemacht hat, möchte er weitergeben. «Mein Traum wäre es, Kurzgeschichten über diese Zeit zu veröffentlichen, die andern Leuten, die im Knast sind, als Ratgeber dienen.» Die ersten Storys hat Roland bereits verfasst.

Wir schätzten Herrn Roland Assfalk als initiativen und engagierten Mitarbeiter.
Dank seiner raschen Auffassungsgabe, seinem Organisationstalent und Ein-
fühlungsvermögen behielt er auch in hektischen Situationen stets den Überblick.
Herr Assfalk verlässt uns auf eigenen Wunsch, was wir sehr bedauern.


1976 bis 1979 Lehre als kaufmännischer Angestellter. Nebenbei Jugendhaus-
leiter in Spreitenbach und DJ im Story Pub Urdorf.

1979 bis 1982 Hilfsarbeiter und Dachdecker. Zwei längere Indien-Aufenthalte.

1983 bis 1984 Sekretär und danach Inspektor bei der Zürich Versicherung.
Kündigung wegen Krawattenzwang. Drei Abende pro Woche DJ im Story Pub Urdorf.
Längerer Asientrip.

1985 bis 1987 Disponent für das Temporärbüro Biso AG.

1987 bis 1988 Disponent und Geschäftsführer der Generalunternehmung Obtec AG.

1989 Aufbau der Generalvertretung einer neuen Firma.

1989 bis 1991 Personalberater bei der Firma B+S Baden. Selbständige Führung
von zwei Montageteams, Personalchef von 80 Mitarbeiterinnen und Mitarbeitern.

1991 bis 1992 Disponent bei der Firma Müller Baden. Aufgabebereich war, Leute
für Baustellen einzustellen, sie selbständig zu leiten und Buchhaltung
und Lohnabrechnungen zu führen. Arbeit zu einem grossen Teil auf Erfolgsbasis.

1993 bis 1997 Festangestellter DJ im Hotel Hirschen Zürich. Aufbau und
Führung von einem der ersten Member-Clubs in der Schweiz und Organisator ver-
schiedener Anlässe für die Mitglieder. Privatchauffeur des Hotelbesitzers.
Tagsüber verschiedene Temporäreinsätze, zum Beispiel als selbständiger
Elektriker oder Kultur- und Eventmanager, unter anderem Mitorganisation von
"Die Milliardste Swatch" von Nicolas Hayek in Zermatt.

1997 bis 2000 Selbständiger Unternehmer für Kleintransporte und Sonnenstoren-
Reinigungen.

2001 Chauffeur bei der Firma Stutz Baden.

2001 bis 2003 DJ in der Bar 84 Wettingen. Tagsüber Führung eines Grillbetriebes.

2003 Verschiedene Temporärjobs, vom Chauffeur bis zum Hilfsarbeiter am
Fliessband.

2004 Surprise-Verkäufer.

# ... und was machen Sie beruflich?

«Ich machte eine gute Arbeitskarriere – bis vor fünf Jahren. Damals brachte mich die Trennung von meiner Freundin voll an den Rand. Und ich griff zu den altbewährten Mitteln, die mir immer geholfen hatten: Alkohol und Kokain. Dabei hatte ich mein Leben doch in ruhigere Gewässer steuern wollen. Lange hatte ich in vollen Zügen gelebt, war ein Partytiger, der nächtelang auf der Piste war, keine Pille, keine Linie, keinen Schluck ausliess und bei jedem Blödsinn mitmachte. Ich verkehrte in der Zeit mit Leuten, die an einem Abend locker fünf Riesen liegen lassen konnten und mich immer einluden, weil sie wussten: Wenn der Roli mit dabei ist, wird es bestimmt lustig. Vor zehn Jahren – ich war gerade 35 – fand ich aber, ich hätte die Hörner nun abgestossen, und wollte seriöser leben. Kurz zuvor, im Sommer 1994, war ich auch das erste Mal mit dem Gesetz in Konflikt geraten: wegen Verdacht auf organisierten Drogenhandel. Nach zwei Monaten U-Haft konnten sie mir gerade mal die Vermittlung von 15 Gramm Kokain anhängen. Sicher hab ich konsumiert und an Freunde verkauft und hatte Massel, dass sie mir nicht mehr nachweisen konnten. Doch da war rein gar nichts von Organisiert.

Ich zog daraus meine Lehre und beschloss, mich aus diesen Kreisen zurückzuziehen. An Silvester 1994 wollte ich noch einmal richtig abfeiern – und verliebte mich rettungslos. Bald danach zog ich mit meiner Freundin zusammen. Und wurde topseriös. Fünf Jahre lang setzte ich keinen Fuss mehr in eine Bar, ich war jeden Abend daheim. Die Beziehung war allerdings von Anfang an schwierig. Meine Freundin hatte Panikattacken und schmiss die Medikamente, die sie vom Psychiater dagegen erhielt, nach Lust und Laune und nahm Alkohol dazu. Eine Höllenmischung. Ich machte mich 1997 mit einem Kleintransport-Unternehmen beruflich selbständig, um besser für sie da zu sein. Doch ihre Phobien schlugen in Wahnvorstellungen um, die sie immer mehr gegen mich richtete. Vor fünf Jahren merkte ich, dass es so nicht weitergeht. Ich musste dem Schrecken ohne Ende ein Ende machen. Das war 1999. An diesem Ende stand ich allein da, wirklich allein, ohne nichts, ausser zwanzig Riesen Schulden und einem Nervenzusammenbruch.

Eins kam zum andern: Um der unaushaltbaren Einsamkeit zu entkommen, suchte ich wieder Anschluss an die früheren Zeiten und Kreise. Ging in die Bars von einst, da habe ich meine Kollegen, da fühle ich mich daheim. Ich bin süchtig nach Gesellschaft. Allein bin ich absolut nicht lebensfähig. Doch in diesen Bars trinkt und kokst man halt einfach, wenn man dazugehören will. Meine Kollegen spickten Pillen wie Smarties, sie hatten sackweise Kokain und tranken Champagner wie Mineralwasser. Sie gaben mir immer davon ab. Klar

sagte ich nicht nein. Wegen der Sache mit meiner Freundin, wegen all dem, was in diesen fünf Jahren passiert war, in denen ich mit ihr zusammen war, hatte ich überhaupt keine Energie mehr. Diese Frau hat mich wirklich fertig gemacht. Alkohol half mir, mein Leiden zu betäuben, das Kokain stellte mich auf. Es war aber mehr als das. Irgendwo suchte ich diese wilden Zeiten von früher auch wieder. Denn das war das, was mir am Ende geblieben war. Es ist schon noch verrückt: Ich wollte seriös werden, scheiterte und stürzte tiefer ab als je zuvor.

Kurz nach der Trennung, Anfang 2000, ging ich mit meiner Firma Konkurs. Ein knappes Jahr später fand ich einen Job in einer Bar, Getränke frei. Ein Abend ist lang, da kommt einiges zusammen. Das Kokain erhielt ich von einem Freund, für den ich arbeitete – statt Geld. Das lag bei dem einfach so rum. Drei Jahre lang ging das so. In dieser Zeit lebte ich eigentlich ganz gut. Die Drogen machten mir nie Probleme, im Gegenteil, ich fühlte mich sehr wohl damit. Ich hab einfach Freude an diesem Zeug. Doch dann wurde mir die Rechnung präsentiert: Im Frühling 2004, genau zehn Jahre nach dem ersten Mal, wurde ich wieder verdächtigt, in grossem Stil gedealt und konsumiert zu haben: 500 Gramm in vier Jahren. Ich sass vier Monate in U-Haft – ein krasses Missverhältnis. Ich wurde schliesslich zu einer ambulanten Massnahme verurteilt. Diese Verhaftung hat mich mitten aus dem Leben gerissen, alles ging in Brüche: Ich verlor meine damalige Freundin, meine Jobs in der Bar und beim Freund und meine Kollegen, weil all meine Bekannten von der Polizei hineingezogen wurden. Seit da fand ich den Anschluss nicht mehr. Ich muss mit 46 wieder bei den Eltern wohnen. Muss Surprise verkaufen.

Sobald die Sache mit der Massnahme ausgestanden ist, bin ich weg. Die Schweiz ist ein wunderbares Land. Ich kann und will aber dieses System nicht mehr unterstützen, in dem Ausländer von der Politik noch fast eingeladen werden, auf Kosten des Staates zu leben und sich an userm Wohlstand zu bereichern. Während Menschen wie ich wegen nichts in den Dreck gezogen und da liegen gelassen werden. Mein Traum wäre, auf die Philippinen auszuwandern, dort mit ein paar Frauen einen Handwerksbetrieb aufzubauen und die Ware übers internet in der Schweiz zu vertreiben. Für sie wäre es eine prima Alternative zum Job als Prostituierte. Und ich könnte mit meinen bescheidenen Mitteln aktiv Gutes tun und so leben, wie ich mir das vorstelle: einfach, spirituell, in eine Gemeinschaft eingebunden. Ich könnte mich selbst verwirklichen. Vielleicht bin ich ein Utopist, aber ich will meinen Glauben an das Gute nicht verlieren, auch wenn in unserer Gesellschaft andere Werte Vorrang haben.» ∎

# ... hmmm ... pfff ... puhhh ... äh ...

Mit achtzehn schmiss Küse Straub die Lehre als Schreiner und zog daheim aus, um auf der Strasse zu leben. Das war schon lange sein Traum. Er stellte es sich extrem genial vor: den ganzen Tag abhängen, nichts müssen, ein Leben voller Freiheit, Action, Abenteuer und er immer der Coole und Krasse. Nach zwei Jahren hat ihn die Realität eingeholt. «Dieses Nichtsmachen macht mich noch wahnsinnig», sagt er. «Es ist deprimierend und öde, voll abgekackt. Du tötest dich selbst ab.» Jetzt würde Küse gern wieder arbeiten. Um endlich wieder etwas zu erleben.

«Ich glaube, in Lyss haben wir die lockerste Polizei in der ganzen Schweiz. Wenn irgendwer reklamiert, weil meine Kumpels und ich draussen pennen – wie zum Beispiel letzten Sommer unter dem Vordach eines Tennisclub-Häuschens – oder eine Hütte besetzen, gucken die mal vorbei, meinen, wir sollten Ordnung halten, dann sei das okay – wenn uns die Gemeinde schon keine andere Lösung anbieten könne. Voll geil. Vom Sozialamt kriegen wir keine Wohnung bezahlt, wir seien nicht fähig zu wohnen. Gut, die Bude des Kollegen sah bei unserem Auszug schon strub aus, es war eine einzige Müllhalde. Trotzdem könnten die uns eine Chance geben, wir sind schliesslich älter geworden.

Ich lebe seit zwei Jahren auf der Strasse. Mit achtzehn brach ich die Schreinerlehre ab, weil ich vom Chef nur Zusammenschisse kassierte. Vielleicht war ich schon nicht der Schnellste, aber ich gab alles. Ein halbes Jahr jobbte ich rum, wenn ich gerade Stutz brauchte. Sonst machte ich nichts. Ich fühlte mich voll gefangen in diesem bürgerlichen, angepassten Leben, wollte weg, hatte aber null Ahnung, was ich wirklich suchte. Oft trieb ich mich in Bern am Bahnhof oder auf der Schanze herum und quatschte mit den Typen dort. Ich hoffte, die könnten mir zeigen, wie das geht mit dem Leben. Ich hab die voll angehimmelt, vor allem die Punks, die waren, wie ich sein wollte: total extrem. Ich diskutierte mit ihnen stundenlang, über den Kampf gegen das System und so Zeug. Diese kapitalistische Gesellschaft, wo jeder nur egoistisch Geld, Erfolg und Macht nachrennt, wo nur die Leistung zählt und nicht der Mensch – damit kam ich nicht zurecht und wollte das auch nicht. Für mich gab es nur einen Weg: Verweigerung und Verzicht auf alles Materielle. Wie die Punks. Ich lief bald auch rum wie die, doch damals hatte ich noch nicht den Mut, so zu leben. Manchmal kotzte mich meine Feigheit so an, dass ich voll auf den Depro kam, denn in meinen Augen war ich um nichts besser als die Spiessbürger, die ich verachtete.

Irgendwann brauchte ich wieder Stutz. Ich fand eine Stelle in einer Gärtnerei, da gefiel es mir, der Chef war schwer in Ordnung, er meinte es wirklich gut. Mit ihm konnte ich auch reden, er wusste, dass ich es gerade schwierig hatte. Denn etwa zu der Zeit zog ich daheim aus, weil ich voll den Streit mit meinen Eltern bekam: wegen dem Trinken, der Musik, dem Aussehen, meinen Kumpels, meiner Einstellung – einfach wegen allem. Meine Eltern sind schwer christlich, sie leben in einer anderen Welt, sind strikte gegen Alkohol und Popmusik und so. Zunächst kam ich bei einem Kollegen unter, nach drei, vier Monaten zog ich in ein besetztes Haus, in Thun. Das war das Wildeste und Geilste, was ich je erlebt habe. So lustig wurde es nie wieder. Solange es noch Bier hatte, ging keiner pennen. Ich muss am Morgen jeweils drein gesehen haben – manchmal schickte der Chef mich gleich wieder heim. Ich hatte einfach anderes im Kopf. Es kam so weit, dass ich vergass, dass ich am nächsten Tag bügeln müsste. Ich feierte irgendwo am anderen Ende der Schweiz ab und auf einmal, wenn natürlich längst kein Zug mehr fuhr, kam mir in den Sinn: Scheisse, ich muss morgen ja arbeiten.

Der Chef hatte echt Geduld, aber irgendwann konnte er es nicht mehr tolerieren. Er meinte aber, ich könne jederzeit wieder bei ihm anfragen, wenn ich das mit dem Saufen im Griff hätte. Ich hab damals wirklich schwer getrunken. Eigentlich ruhte ich mich bei der Arbeit aus, um abends wieder fit zu sein zum Absumpfen. Ich war nicht mehr fähig zu bügeln und hatte auch voll den Anschiss. Arbeiten, fand ich,

würde mir nicht gut tun, und sowieso, ich hätte für den Rest meines Lebens genug gearbeitet. Ich erinnere mich genau an den Abend meiner Kündigung: Um zum Bahnhof zu kommen, wo mein Zug nach Thun abfuhr, muss man einen Stutz runter, von wo aus man über die ganze Stadt sieht. Als ich da oben stand, ging gerade die Sonne unter – das war so gewaltig, so schön. Ich kam mir vor wie der König dieser Welt. Als wäre das extra für mich gemacht. Ich sah es als Zeichen, dass das mit der Kündigung richtig gewesen war. Den ganzen letzten Lohn gab ich aus für Bier für alle. Ich fühlte mich endlich frei. Von nun an, dachte ich, würde ich nur noch machen, was ich will. Vor allem nichts machen – das stellte ich mir extrem schön vor: abhängen, in den Tag hinein leben, nichts müssen ...

Ich malte mir das Leben auf der Gasse aus wie in diesen Filmen, ‹Easy Rider› oder ‹Leaving Las Vegas›: Freiheit, Action, Abenteuer. Ich dachte, kein Tag würde sein wie der andere, es würde voll abgehen, immer wäre was los, immer spannend und lustig. Ein Leben voll gelebter Sehnsüchte und Abstürze, total gefährlich, und du bist immer der Coole und Krasse. Ich wollte mich einfach treiben lassen, ohne Ziel, ohne Richtung, aber immer in Bewegung. Ich hatte extrem viele Pläne und Träume: skaten, zeichnen, Musik machen, mit andern eine Wagenburg bauen ... aber easy, null Stress. Anfangs war es wirklich noch lustig. Wir hatten immer was zu diskutieren, machen, organisieren. Doch irgendwann ist eben fertig geplaudert und getan. Es ist krass, wie schnell du dich zu nichts mehr aufraffen kannst, du merkst es gar nicht. Schon nach wenigen Wochen auf der Gasse kam ich nicht mal mehr auf die Idee, dass ich etwas tun könnte. Ich vergass es einfach. Ehrlich. Ich hab absolut unterschätzt, wie schwer es ist, sich selbst zu motivieren. Ich war überzeugt, ich würde dann meine Dinge durchziehen. Als ich noch arbeitete, konnte ich zum Beispiel nicht schlafen gehen, ohne geskatet zu haben. Auf der Gasse dachte ich bald nicht mal mehr daran. Ich zeichne auch extrem gern und wollte mich voll dem widmen, um vielleicht die Aufnahme in die Kunstklasse zu schaffen. Doch auch dieser Plan entfiel mir irgendwie. Je weniger du machen musst, umso weniger machst du, und umso weniger magst du machen. Du wartest im Grunde einfach darauf, dass etwas passiert. Wir fragen uns ständig: Wo ist was los. Und dann ist immer noch nichts los. Manchmal versuchen wir uns Mühe zu geben und etwas zu reissen. Wir sind voller Tatendrang, haben jene Ideen und Pläne, flippen ein paar Stunden im Zeug herum, doch dann ... Es ist voll öde und deprimierend. Ab und zu geben wir ein, zwei Stunden nur so Geräusche von uns: hmmm ... pfff ... puhhh ... äh ... gib mir mal ein Bier ... ähmmm ... phhff ... hrchm ... uhh ... puhh ... hast du mir den Joint ... ähämm ... pfff ...

Ich wollte mich nicht in dieses Hamsterrad der Gesellschaft, diesen ewigen Trott einspannen lassen: Bis zur Pensionierung jeden Tag zur selben Zeit in der Bude, immer dasselbe tun, zur selben Zeit Feierabend – das ist für mich voll der Horror. Und was mache ich heute? Jeden Tag nach dem Aufstehen fahr ich am späteren Vormittag nach Bern oder Biel, um Surprise zu verkaufen oder zu mischeln, also betteln, nehme den Zug zurück, geh in die Heilsarmee duschen, latsch in den Park und hänge mit immer den gleichen Leuten ab, esse in der Heilsarmee, sauf mit meinen Kumpels noch ein paar Bier und geh dann pennen. Jeden Tag. Immer. Manchmal halt ich das voll nicht mehr aus, das Nichtsmachen macht mich wahnsinnig. Wenn ich dann noch Geld habe, saufe und kiffe ich möglichst viel und schnell, um mich entweder einzuschläfern und dem Scheiss zu entkommen, oder weil ich denke, mit einer Vollscheibe durch die Stadt zu laufen, wird bestimmt lustig. Es war noch nie lustig. So zu leben ist extrem abgekackt. Du tötest dich selbst ab. Ich bin voll im Stillstand versackt, drehe mich nur im Kreis und um mich selbst, ich grüble hin und her und komme keinen Millimeter weiter. Ich fühle mich wie ein leerer Kanister, ich kann noch so drücken und pressen, es kommt nichts mehr raus. Ich erlebe ja nichts. Es kommt nichts Neues dazu. Ich habe nichts zu erzählen. Als ich diesen Job in der Gärtnerei hatte und nur abends auf die Gasse kam, das war ein ganz anderes Feeling. Ich laberte jeden zu mit all dem, was mir wieder passiert war ... Irgendwie war ich huere stolz und zufrieden, weil ich etwas geschafft hatte. Das fehlt mir. Das braucht man doch. Wenn ich einen Job hätte, würde ich auch weniger trinken, nur meine Bier am Feierabend. Die könnte ich wieder geniessen. Wenn du aber schon zum Aufstehen dein Bier brauchst ...

Letzten Sommer machte ich auf einem Bauernhof eine Therapie. Am Anfang wars recht strub, nur schon am Morgen aufzustehen und einen geregelten Tagesablauf zu haben. Aber irgendwo hat es mir auch Spass gemacht, ich sah, dass Arbeiten noch cool sein kann. Kaum auf der Gasse, hab ich zwar wieder angefangen zu trinken, trotzdem hat mir diese Auszeit gut getan. Es war eine Standortbestimmung. Vorher wusste ich gar nicht mehr, was ich da eigentlich tue. Im Entzug wurde mir bewusst, was ich alles falsch gemacht hatte und was ich hätte anders machen müssen. Es ist noch krass, wie du dich an Illusionen klammerst, weil du nichts anderes hast oder weil es verdammt wehtäte, dich der Realität zu stellen. Ich redete mir das Leben auf der Gasse schön und hab irgendwie nicht gerafft, wie beschissen es ist. Ich merkte auch, dass ich oft so ein Arschloch war. Eigentlich nur wegen Kleinigkeiten, aber die summieren sich. Also, zum Beispiel, wenn ich mit Kollegen unterwegs war, die arbeiteten, fragte ich die ständig nach Zigis. An einem Abend hast du denen schnell ein halbes Päckli weggeraucht. Irgendwann hängte es ihnen aus. Heute versteh ich das, damals fand ich, sie seien Kapitalisten, sie hätten schliesslich Stutz und ich sei ein armes Schwein, das auf der Strasse leben und betteln müsse. Dass ich auch arbeiten könnte, kam mir nicht in den Sinn – ich war so ein Dubel. Ich hielt mich lange für oberschlau und vollkrass, weil ich mich mit Mischeln durchschlug, und sah auf all die Spiessbürger runter, die sklavisch ihre acht Stunden am Tag bügeln und ohne Bankkonto nicht leben können. Die nicht mal mehr wissen, dass man auch ohne Auto und Fernseher glücklich sein kann, weil sie ihr ganzes Ego auf Materiellem aufbauen.

In der Therapie ging mir auf, dass ich im Grunde genau so bin und dasselbe tue wie sie. Ich mein, wenn ich am Morgen aufstehe, muss ich auch zuerst schauen, wie ich zu Geld komme, für mein Bier. Ich stress sehr viel dem Geld nach. Es ist voll beschissen: Geld ist mir eigentlich so was von egal, aber wenn du keins hast, denkst du ständig daran. Es beherrscht dich völlig. Du bist genauso abhängig von Materiellem, wenigstens im Kopf. Ich brauche auch recht viel Geld. Als ich erstmals Stutz vom Sozialamt erhielt, einen Hunderter in der Woche, dachte ich: Wow, so viel Geld. Doch nach zwei Tagen merkte ich: Shit, das reicht mir nie. Mir war absolut nicht bewusst, wie viel Geld ich ausgebe. Ich hab schon immer nur einen Fünfliber oder so im Sack, weil, ich vertrink das Geld laufend. Ich muss mein Bier haben, nüchtern kann ich nicht mischeln. Aber an sich hab ich mehr Geld zur Verfügung als viele andere, obwohl ich am Betteln bin. Das finde ich noch krass.

Sobald ich aus dem Knast raus bin, suche ich mir einen Job. Ich muss für zweieinhalb Monate rein, Bussen abhocken wegen Schwarzfahren. Mit meinen letzten ein, zwei Franken kaufte ich mir halt lieber Bier statt ein Billet. Ohne Bier Zug zu fahren schien mir unmöglich. Dass sich die Bussen mit der Zeit so summieren, war mir nicht bewusst, ehrlich. Es ist noch verrückt, wie du das, was du nicht sehen willst, einfach verdrängst. Du zimmerst dir voll deine eigene Realität zusammen. Ich höre oft deutschen Punk mit ihrem ‹Wir werden siegen, blabli blabla›. Du glaubst schon nicht wirklich daran, aber wenn du Sorgen hast und hörst so ein Lied, bist du wieder beruhigt, du denkst: Wir sind stark, wir sind im Recht. Du merkst nicht, dass du voll daneben liegst und dich zum Teil echt idiotisch verhältst. Wenn ich heute die Leute sehe mit ihrem Getue und Geliere von wegen Kampf gegen das System – wenn es nicht so traurig wäre, wäre es nur lächerlich. Die schlagen ein paar Scheiben ein, liefern sich mit Bullen eine Strassenschlacht und sehen sich als Kämpfer gegen das Kapital. Sie meinen, sie bewirkten etwas und fühlen sich noch gut, dabei ist es nur kontraproduktiv. Da könnte ich schreien und heulen, das regt mich so was von auf. Wer behauptet, gegen das System zu kämpfen ... das ist doch nur eine Ausrede, dass du aus deinem Leben nichts machst. Solange du einfach rummotzt und dein Leben nicht einigermassen auf die Reihe hast, wirst du nie was verändern. Das war mir auch lange nicht bewusst.

Ich stelle es mir voll schön vor, wieder zu arbeiten. Am liebsten würde ich was in der Natur machen, Gärtner oder Forstwart, Bau wäre aber auch okay. Ich würde abends sicher noch meine Bier trinken und mit den andern abhängen – aber das wäre etwas anderes. Ich merke irgendwie, dass ich älter werde und mehr Sicherheit suche: einen festen Job, ein gesichertes Einkommen, eine Wohnung. Wenn ich einen Job habe ... ich glaube, ich würde es mir erst einmal richtig gut gehen lassen. Mir alles leisten, wonach mir gerade ist. Ich mein, eigentlich brauchst du schon nichts – aber so ist das Leben wirklich trüb. Der Mensch braucht doch Dinge, die ihm Spass machen oder gut tun, die er geniessen kann. Nach dieser Zeit auf der Gasse könnte ich auch all so kleine Sachen wieder voll geniessen, ich wüsste sie viel mehr zu schätzen.

Ich muss schon sagen: Auch wenn ich mit meinen Träumen vom Gassenleben voll auf die Schnauze gefallen bin – ich bin trotz allem froh, diesen Weg eingeschlagen zu haben. Wenn ich andere aus meiner früheren Schulklasse sehe, die nur dem Geld und der Karriere nachjagten ... die sind schon mit zwanzig alt und abgelöscht. Haben keine Träume

«Schon nach wenigen Wochen auf der Gasse kam ich nicht mal mehr auf die Idee, dass ich etwas tun könnte. Ich vergass es einfach. Ehrlich. Es ist krass, wie schnell du dich zu nichts mehr aufraffen kannst.»

mehr, erwarten nichts mehr vom Leben. Da bin ich lieber so, wie ich bin – auch wenn ich meine Krisen schiebe und meine Knörze habe. Klar hab ich manchmal meine Komplexe, komme mir als Volldubel vor, der nichts auf die Reihe kriegt: Ich hab keine Ausbildung, keinen Job, keine Wohnung, kein Geld, keine Karriere, kein gar nichts. Dafür hab ich andere Erfahrungen. Ich stelle mir das Leben als Puzzle vor, und in meinem Lebenspuzzle brauchte es diesen Teil halt. Doch nun muss und will ich ein paar neue Teile einsetzen. Ich will etwas tun und erleben, möchte weiterkommen. Am meisten Angst hab ich vor einem stinknormalen Leben – doch ich glaub, das liegt weit gehend an dir, was du auch machst, es kommt drauf an, dass du was machst.

Wie ich mir die Zukunft vorstelle? Ich will das mit dem Arbeiten jetzt durchziehen. Ich möchte nicht unbedingt immer voll arbeiten, so 60 Prozent wäre ideal, ich will auch noch Zeit für meine Dinge. Aber jetzt will ich mal voll dahinter. Und etwas Geld auf die Seite legen und dann reisen. Einer meiner besten Kollegen ist auch nur abgehängt, und plötzlich fing der an zu arbeiten und zu sparen – und jetzt wandert er in Australien herum. Ich bin recht neidisch auf den. Der macht etwas aus seinem Leben, er erlebt sicher wahnsinnig viel. Er sagte immer zu mir: Mach etwas aus dir. Doch damals fand ich: Was liert denn der, Nichtsmachen ist das Schönste. Da wusste ich es eben noch nicht besser.» ∎

# ... den Morgen mit einem vertrauten Lächeln beginnen können

Er ist von Geburt an cerebral gelähmt und sitzt im Rollstuhl. Er ist schwul und sehnt sich nach Liebe. «Ich gehöre gleich zwei Randgruppen an», meint Urs Weyermann. «Das macht mein Leben alles andere als einfach.»

Geschickt laviert er sein Elektromobil zwischen Tischen und Stühlen hindurch, parkiert es in einer Ecke der kleinen Bar im Hotel Plaza in Basel, umfasst mit den Händen das rechte Bein und stellt es auf den Boden, dann das linke, hievt sich aus dem Sitz, stützt sich am Tresen ab und geht langsam die paar Schritte zum Tisch. Er setzt sich aufatmend. «Puh», seufzt Urs, «ich hätte nicht gedacht, dass ich es rechtzeitig schaffen würde, das war wieder ein Morgen ...» Ja, wie immer, einen Kaffee, zwei Gipfeli, nickt er der Kellnerin zu, während sie seinen Stuhl etwas näher an den Tisch rückt. Urs Weyermann ist hier Stammgast. «Ich konnte vor Schmerzen fast die ganze Nacht nicht schlafen, und beim Aufstehen war ich so steif, dass ich eine Stunde brauchte, nur um die Schuhe zu binden», erklärt er. Wenn er um zehn aus dem Haus sein will, muss Urs um sieben aus dem Bett. «Am liebsten hätte ich unser Treffen abgesagt, aber dann wäre ich wohl den ganzen Tag nicht aus meinem Loch gekommen, und das tut mir nicht gut, ich muss etwas machen.»

Urs ist von Geburt an cerebral gelähmt. Die Diagnose wurde aber erst im Alter von achtzehn Monaten gestellt, damit ging viel wertvolle Zeit verloren. «Wenn man es rechtzeitig bemerkt und sofort mit Therapien eingegriffen hätte, würde ich heute vermutlich nicht im Rollstuhl sitzen», sagt Urs. Manchmal macht ihn diese Vorstellung traurig und wütend. Vor allem weil ein Assistenzarzt seine Behinderung bemerkt hatte – doch dessen Aktennotiz ging in der Spitalbürokratie vergessen. Das hat Urs viel später erfahren, als er begann, sich ernsthaft mit seiner Krankheit zu befassen. «Ich fand, wenn ich schon mein Leben lang Patient sein muss, will ich wenigstens ein aufgeklärter, mündiger Patient sein und mich nicht einfach den Halbgöttern in Weiss ausliefern.» Damals hatte Urs herausgefunden, dass man bei seiner Behinderung viele Einschränkungen vermeiden kann, wenn man dem Hirn des Babys vom ersten Tag an andere Befehle erteilt. «Es ist so», sagt Urs, und sein Ton wird plötzlich dozierend. «Ein Baby will sich bewegen. Kann es das nicht, wehrt es sich und versucht es selbst. Ohne Physiotherapie bewegt ein cerebral gelähmtes Buschi sich in einem spastischen Muster, und wenn das mal in seinem Hirn verankert ist, lässt es sich kaum mehr ändern. Würde man ihm von Anfang an zeigen, wie es sich normal bewegt, dann verdrahtet sich das Hirn anders. Die beschädigten Hirnareale geben die Aufgabe, die sie nicht übernehmen können, nämlich die Bewegungsabläufe richtig zu koordinieren, an andere Areale ab. Diesen kann man beibringen, sich sauber zu vernetzen.»

Man merkt, dass Urs sich intensiv mit dem Thema auseinander gesetzt hat. Wenn er erklärt, wirkt er voll bei der Sache. Es schwingt aber auch eine Spur Wehmut mit. «Ich hätte wahnsinnig gern Medizin studiert», sagt er, «aber mit meiner Behinderung ...» Kurz vor der Matur hatte er die Schule geschmissen. Weil er keinen Sinn darin sah, für etwas zu büffeln, mit dem er später doch nichts hätte anfangen können. Ein Studium, meint Urs, hätte er auch psychisch nie geschafft. Denn seine Behinderung wirkt sich nicht nur auf den Körper aus, sondern auch auf die Seele. Es gibt Zeiten, wo er sich zu nichts aufraffen mag und keinen Willen hat. «Ich hab schon Mühe, jede Woche einmal ins Türkisch zu gehen, wie hätte ich denn das Studium packen sollen?» Er lacht, aber es ist ein trauriges Lachen. Urs hat sich mit seiner Behinderung arrangiert, doch sich damit abzufinden, fällt ihm oft schwer.

Hinzu kam, dass er kurz vor der Matur – Urs war da bereits 28 Jahre alt – sein Coming Out als Schwuler hatte. «Da war die Schule für mich eh gelaufen», sagt er, während er sich an die Zeit erinnert, wo er auf Wolke Sieben geschwebt war und der ganzen Welt von seinem Schwulsein erzählen wollte. «In mir waren so starke Gefühle.» Doch bald erlebte Urs die ersten Dämpfer. Bekannte reagierten mit Ungläubigkeit oder Ablehnung. Er wurde von Männern, die vorgaben, ihn zu lieben, enttäuscht, oder seine Liebe wurde nicht erwidert. «In der Schwulenszene herrscht ein extremer Körperkult. Als Behinderter hast du kaum eine Chance, jemanden ins Bett zu kriegen oder sogar einen Partner zu finden. Ich gehöre zwei Randgruppen an, das macht mein Leben alles andere als einfach.» Immer wieder erlebte Urs, dass die Leute sich davonmachten, wenn er im Rollstuhl an einschlägigen Treffs aufkreuzte, und in Schwulenbars rückten viele zwei Stühle weg und gifteten ihn an mit Sprüchen wie: «Da kommt die Behinderte wieder».

### Ausweg Strich – Drecksgeschäft Strich

Früher hatte Urs viel Geld bei den Strichern liegen gelassen, weil das die einzige Möglichkeit war, seine Bedürfnisse zu befriedigen. Damit hat er aufgehört. Zum einen fehlte ihm die Liebe. Urs träumt noch immer davon, «den Morgen mit einem vertrauten Lächeln beginnen zu können». Zum andern sei er von den Strichern oft ausgenützt und hintergangen worden. «Ich war nett zu denen, gab ihnen meist sogar mehr Geld als üblich, sie konnten auch ohne Gegenleistung bei mir essen oder schlafen, wenn sie kein Dach über dem Kopf hatten – und am nächsten Morgen fehlte wieder etwas. Ich verstehe das Verhalten dieser Leute heute noch nicht.» Vielleicht, meint Urs nach langem Schweigen nachdenklich, seien sie es so nicht mehr gewöhnt, anständig behandelt zu werden, dass sie nicht anders könnten, als das zu missbrauchen. «Der Strich ist ein absolutes Drecksgeschäft», sagt er. «Ich bin froh um jeden Jungen, der den Ausstieg schafft.» Obwohl Urs heute kaum mehr als Freier in dieser Szene verkehrt, kennt er sie. Seit einigen Jahren ist er für die Aidshilfe unterwegs, verteilt Kondome und Informationen, hört zu. Die Szene habe sich seit seiner Zeit sehr verändert, weiss er, sie sei um einiges härter und brutaler geworden. Viele der Stricher seien in noch hoffnungsloseren Situationen, was von den Freiern skrupellos ausgenützt werde. Sie würden die Jungs schikanieren und wie Dreck behandeln und für ein paar Franken ausgefallenste Sexpraktiken verlangen.

Während früher vor allem Süchtige für den nächsten Schuss ihren Körper verkauften, sind es inzwischen oft Jungs aus Osteuropa, meist noch Teenies, die von einer besseren Zukunft im vermeintlich Goldenen Westen geträumt hatten. Urs erzählt von einem dieser Jungen, er heisst Timo, es könnte aber genauso gut Stanislav oder Juri sein. Timo ist fünfzehn und kam mit der Hoffnung in die Schweiz, seine Eltern finanziell unterstützen zu können. Er begann als Strassenmusiker, doch davon konnte er selbst kaum leben. Als Illegaler hatte er wenige Alternativen. Er landete auf dem Clara-WC, der untersten Stufe in der Stricher-Hierarchie. Timo ist hübsch und daher begehrt, viel konnte er den Eltern aber noch immer nicht zukommen lassen, denn er brauchte Alkohol, um sich betatschen zu lassen. Eines Tages gab ihm ein Junkie in guter Absicht ein Valium. Als Timo Stunden später auf dem WC wieder zu sich kam, stellte er fest, dass er mehrfach vergewaltigt worden war. Fast eine Woche sass er danach nur weinend da und konnte nicht arbeiten. Einen Monat nach diesem Vorfall lud Urs ihn auf eine Tasse Kaffee ein. «Da sagte er: ‹Daheim nicht schön, hier schön.› Der muss wirklich aus bitterstem Elend kommen, wenn er nach dieser Gewalterfahrung noch sagt: hier schön.»

Urs schüttelt noch jetzt fassungslos den Kopf. Solche Geschichten gehen ihm nahe. Er gehört zu den Menschen, die sich von Schicksalen anderer berühren lassen. Hat Mühe damit, wie mit Menschen oft umgegangen wird. Er kann sich über Ungerechtigkeiten ereifern, auch wenn sie nicht ihn selbst betreffen. «Heute läuft in der Wirtschaft so vieles falsch. Die Reichen schieben sich gegenseitig das Geld in den Arsch, ist doch wahr. Wenn einer eine Firma in den Konkurs reitet, stehen die Arbeiter auf der Strasse, sie finden keinen Job mehr, ihre Familien müssen in Armut leben – der Verantwortliche kriegt eine Bomben-Abfindung und kann sich darauf verlassen, dass er von einem seiner Kumpels eine lukrative Stelle geschoben bekommt, sobald etwas Gras über die Sache gewachsen ist. So kann es nicht weitergehen, sonst kommt es zu einem Riesenchlapf.» Ihm mache auch die ganze Entwicklung in der Arbeitswelt Angst, wo nur noch Profit und Leistung zählten, meint Urs. Er müsste heute schon gar nicht mehr versuchen, einen Job zu suchen. Vor fünf, sechs Jahren nahm er ein paar Mal einen Anlauf. Damals erhielt er immerhin noch die eine oder andere Chance, doch obwohl die IV den grössten Teil seines Lohnes finanzierte, bekam er jeweils nach wenigen Monaten den Blauen Brief. «Wegen meiner Behinderung war ich halt langsamer und fehlte öfter. Das vertrug die Wirtschaft schon damals nicht und heute noch weniger», bemerkt er trocken. Dass es ihm wehtut, einfach abgeschoben und ausgemustert zu sein, lässt Urs nur in Nebensätzen anklingen. Zum Beispiel wenn er sagt: «Eigentlich hätte mir das Arbeiten schon Spass gemacht», oder: «Du warst nicht den ganzen Tag allein, sondern mit Kollegen im Büro, oft ging man am Feierabend noch was trinken – du warst einfach mehr eingebunden.»

### «Als schwuler Behinderter bist du allein»

Einsamkeit zieht sich wie ein roter Faden durch das Leben von Urs. Als er fünf war, trennten sich seine Eltern, und er verbrachte fünf Jahre in einem Kinderheim, weil seine Mutter noch eine Ausbildung machte und überfordert gewesen wäre mit einem behinderten Buben, der bei fast allem auf Hilfe angewiesen war. Mit zehn kam er wieder heim und war die ersten zwei Jahre in einer Schule für Behinderte. Da fühlte er sich aber fehl am Platz, weil er reifer und interessierter und weiter war als die meisten andern. Er wechselte in eine Normalklasse. «Das war eine sehr schwierige Zeit. Da wurde mir meine Behinderung erstmals richtig bewusst. Die andern Jungs spielten Fussball, und ich musste ihnen von meinem verdammten Rollstuhl aus zuschauen.» Damals entdeckte Urs sein Interesse für Medizin. Weil seine Mutter arbeitete, verbrachte er viel Zeit bei seiner Gotte, einer Kinderärztin, und las sich

querbeet durch ihre Fachliteratur, von Anatomie über Pädiatrie bis Gefässchirurgie. Mit vierzehn, erzählt Urs, habe er sich den ganzen Sommer über mit Multiple Sklerose beschäftigt. «Ich hatte mich in meinen Mathelehrer verliebt und der hatte diese Krankheit», grinst er. Dann verstummt er abrupt. Es sind nicht nur schöne Erinnerungen. «Ich war total verwirrt. Die Jungs in meiner Klasse redeten und schwärmten ständig von Mädchen, während ich nur Augen und total starke Gefühle für meinen Lehrer hatte.» Er habe natürlich nicht gewusst, was los sei, habe sich einfach noch mehr als Aussenseiter gefühlt. Erst ein paar Jahre später stiess Urs in einem Medizinbuch auf das Wort «Homosexualität» und hatte nun wenigstens einen Begriff für seinen Zustand. Es sollten aber nochmals etliche Jahre vergehen, bis er offen dazu stand. «Anfangs hielt ich mich für den einzigen behinderten Schwulen», grinst er.

Urs lacht viel und gern, vor allem über sich selbst. Er hat einen speziellen, trockenen Humor und eine Art, an sich tragische Geschichten und Situationen so zu erzählen, dass sie schon wieder komisch klingen. Wenn er zum Beispiel aufzählt, was es alles an Organisation und Vorbereitung braucht, bis er in einem Hotel eine Liebesnacht mit Martin verbringen kann, einem jungen Mann, der ebenfalls seit Geburt cerebral gelähmt ist, aber viel schlechter dran als er, kann man sich das lebhaft vorstellen: «Da muss immer einer dabei sein, der Martin auszieht und ins Bett legt und vor dem Hotelzimmer wartet, weil Martin ja etwas brauchen könnte, nur dass wir uns eine Nacht lang vergnügen können. Das können wir uns natürlich selten leisten, wir leben beide von der IV.» Manchmal wünscht sich Urs Häuser mit Betreuung, wo auch Behinderte ihre Sexualität leben könnten. «Finanzieren müssten das die Krankenkassen, schliesslich ist Sex gesund und auch eine Art Prävention.» Urs grinst, wird aber gleich wieder ernst. «Natürlich wäre es nicht das, was ich wirklich will. Aber die grosse Liebe wird für mich wohl eine Illusion bleiben – und diese Lösung wäre immerhin etwas.» Er setzt wieder zu diesem für ihn typischen, fast bellenden Lachen an, bricht abrupt ab und schweigt. Es ist ein langes, drückendes Schweigen. Urs wirkt unnahbar, scheint alles um sich herum ausgeblendet zu haben. Minuten später meint er leise, fast zu sich selbst: «Irgendwie ist das alles unbefriedigend, ich hätte wahnsinnig gern eine feste Beziehung. Ich fühl mich oft verdammt allein.»

### Täglicher Kampf um ein Stück Freiheit

Er winkt die Kellnerin und bestellt einen weiteren Kaffee und ein Gipfeli. Eigentlich sollte er ja nicht, meint er und deutet auf seinen Bauch. «Aber manchmal muss es halt einfach sein.» Er müsse aber schon besser zu sich schauen. In letzter Zeit hätten sich Vorfälle gehäuft, die ihm gezeigt hätten, «dass ich alles tun muss, um möglichst beweglich zu bleiben, sonst kommt es nicht gut». Seit Urs letzten Winter in seiner Wohnung stürzte und einen Monat im Rehab Basel, einer Rehabilitationsklinik, liegen musste, um wieder einigermassen auf die Beine zu kommen, geht er täglich entweder in die Physiotherapie, ins Krafttraining oder ins Schwimmen. «Im Moment bin ich den ganzen Tag damit beschäftigt, für mich zu sorgen, aber ich muss, sonst kann ich irgendwann nicht mehr allein und eigenständig leben.»

Urs hat sich immer allein durchgeschlagen. Seine Selbständigkeit ist ihm wichtig. In einem Behindertenheim alt werden zu müssen, wäre für ihn der absolute Horror. Nach seinem Sturz verbrachte er zwei Schnupperwochen in einem Heim – und diese Erfahrung bestätigte ihn noch in seiner Entschlossenheit, mit all seiner Kraft und seinem Willen um seine Freiheit zu kämpfen. «Ich kam mir vor wie auf der Geriatrie», erzählt er. «Man hockt die ganze Zeit aufeinander, viele kommen keinen Schritt aus der engen Welt des Heims heraus, sie erleben nichts mehr und haben darum kein anderes Thema als die andern Patienten. Was da hintenrum ‹gschnuurt und ghässelet› wird ...» Urs weiss seit kurzem, dass sich seine Krankheit mit dem Älterwerden verschlimmern wird. Das macht ihm Angst. «Ich brauche meine Selbständigkeit und Freiheit. In so einem Heim, das ist doch kein Leben.» ∎

Urs Weyermann, 39, Basel: «Mein grösster Wunsch wäre es, im Lotto zu gewinnen. Damit würde ich mir Hilfe leisten. Ich bin von Geburt an behindert und habe mit vielem immer mehr Mühe. Es wäre schön, wenn ich so viel Geld hätte, dass ich jemandem ein paar Tausender im Monat geben könnte – und der wäre nur für mich da.»

Angesom, 33, kommt aus Eritrea, wo er als Schweisser gearbeitet hatte. Das ist sein Traumjob. Dass er ihn in der Schweiz nicht ausüben darf, belastet ihn. «Mit Metall zu arbeiten – das ist so schön, das gibt mir so viel. Du machst etwas mit deinen Händen, und nachher siehst du das Resultat. Wenn ich wieder als Schweisser arbeiten könnte, wäre mein Glück vollkommen.»

**«Surprise ist für mich ein Segen. Es ist eine ehrliche Arbeit, ein ehrenwerter Job. Durchs Verkaufen hab ich mich verändert, ich würde sogar sagen: Ich bin ein besserer Mensch geworden. Ich habe gelernt, mit dem zufrieden zu sein, was ich habe. Der Job hilft mir auch, Menschen und ihre Probleme besser zu verstehen. Meine Kunden sind für mich fast so etwas wie eine Familie geworden. Manche kommen beinahe täglich auf einen Schwatz vorbei. Diese Gespräche sind Medizin für meine Seele. Vor allem, wenn ich merke, dass ich jemandem helfen konnte. Das ist ein wunderbares Gefühl. Dann komme ich mir vor wie ein Doktor. Doktor Surprise!»**

**Dusco Gojkov, Basel**

Roland Füreder, 34, aus Spreitenbach. Am 24.12.03 verkaufte er 70 Surprise-Hefte – sein bisheriger Rekord. Das letzte Magazin nahm ihm ein Herr ab, der ihm eine Hunderternote in die Hand drückte und meinte, das sei gut so, den Rest könne er behalten. Somit hatte Roland genug Geld, um doch noch Geschenke kaufen zu können. «Es war wirklich wie Weihnachten», sagt er. «Vielleicht hat mir ein Engel geholfen.»

# Die Dutzend-Fragen
## «Irgendwie lief bis jetzt irgendwas schief»

Er sei zu lange ein Träumer gewesen, sagt Roli, und habe sich ein gutes Leben auf grossem Fuss gemacht – ohne Gedanken an die Zukunft. Roli ist 34, arbeitslos, hoch verschuldet, obdachlos. Nach einer abgebrochenen Lehre als Maurer arbeitete er als Beifahrer. Weil dieser Job wegrationalisiert wurde, musste er ins Warenlager wechseln. Aber der Umgang mit Zahlen und Strukturen lag ihm nicht, so dass er diese Stelle bald verlor. Er begann als Taxifahrer, das war ihm zu hart und zu wenig lukrativ. Seit zwei Jahren findet Roli trotz verzweifeltem Suchen keinen Job mehr, letzten August verlor er auch noch seine Wohnung.

**Was wirst du in zehn Jahren machen?**
Ich hoffe fest, dass ich dann wieder ganz normal leben kann. Jetzt will ich so schnell wie möglich einen Job finden, am liebsten als Chauffeur, aber ich würde alles machen, Hauptsache ich hab irgendeine Arbeit. Darauf könnte ich dann aufbauen. Ich hab aber Angst, dass ich das nie mehr schaffen werde, dass es immer so weitergehen wird mit mir und ich nie aus diesem Teufelskreis herauskommen werde. Nie wieder eine Wohnung haben werde, nie meine Schulden loswerde, nie mehr einen Job finde. Als ich vor anderthalb Jahren mit Surprise Verkaufen anfing, dachte ich, das sei nur vorübergehend, in drei, vier Monaten hätte ich sicher wieder eine Stelle. Aber nichts. Das macht mir Angst. Ich meine, Surprise ist eine gute Sache, ohne wäre ich wirklich ganz verloren, aber in meinem Alter kann das doch nicht die Zukunft sein. Im Moment lebe ich vom Sozialamt. Wenn ich mir vorstelle, ich müsste das mein Leben lang ... das wäre schrecklich. Das nagt so an meinem Stolz. Darum ging ich lange nicht aufs Sozialamt, mein Kopf liess es einfach nicht zu. Ich hab immer gedacht: Das wird wieder, irgendwie gehts schon ... aber es ging nicht. Die Vorstellung, dass ich in zehn Jahren noch immer ganz unten sein werde, die macht mir wirklich Angst.

**Was ist dein Traum, dein grösster Wunsch?**
Der grösste Wunsch meines Lebens? Einen guten Job, eine liebe Freundin und ein eigenes Häuschen. Und so viel Geld, dass ich mir nie wieder Sorgen machen muss. Das alles wollte ich schon als kleiner Bub – doch irgendwas lief schief, bis jetzt hab ich noch rein gar nichts davon. Das liegt aber an mir und nicht am Traum. Den träume ich weiter.

**Wer Surprise verkauft, kennt «seine» Stadt. Was gefällt dir da am Besten?**
Baden ist meine Heimat. Da fühl ich mich einfach wohl, da kenne ich mich aus, da hab ich meine Kollegen. Es würde mich tief treffen, wenn es aus irgendeinem Grund hiesse: ‹Du kannst nicht mehr in Baden Surprise verkaufen.› Die Leute sind nett, wenn ich mal zwei, drei Tage nicht an meinem Platz stehe, werde ich schon vermisst. Ich wäre wirklich zerstört, wenn ich auf einmal nach Aarau runter oder Zürich rauf müsste zum Verkaufen. Baden ist für mich ... ich hab da meine Wurzeln, da bin ich daheim.

**Wenn du könntest, was möchtest du auf der Welt ändern?**
Die Politik. Die ist allgemein und auf der ganzen Welt scheisse und verlogen. Es geht nur um Macht und nicht um die Menschen. Ich würde dafür sorgen, dass die Politik menschlicher wäre. Dass die Politiker nicht nur an sich selbst denken, sondern an die Menschen, die sie vertreten. Vor allem an solche wie uns. Vor den Wahlen versprechen sie das Blaue vom Himmel und kaum im Amt, haben sie alles vergessen. Für die Reichen machen sie vielleicht noch was, die könnten für ihre Karriere ja mal nützlich sein, doch uns lassen sie im Stich, für die sind wir doch nutzlos und niemand. Deswegen gehe ich nicht mehr wählen. Die Politiker, die sind doch alle gleich. Ich hab halt auch den falschen Namen. Wenn ich Turkovic oder Ürsal heissen würde, bekäme ich problemlos alles, was ich will. Ausländer müssen nur die hohle Hand machen,

bei uns heisst es: Sie sind Schweizer, Sie können arbeiten. Super. Wie denn? Wer gibt mir einen Job? Die eigenen Leute werden hängen gelassen und die Ausländer befördert. Ich habe Angst, dass es noch schlimmer kommt. Wenn die Schweiz der EU beitritt – und das wird sie –, haben Menschen wie ich noch weniger Chancen. In unserem eigenen Land. Ich bin nicht auf die Ausländer hässig, die in die Schweiz kommen, überhaupt nicht, die können ja nichts dafür. Ich würde wohl das Gleiche machen. Wenn ich aus einem armen Land käme oder einem Kriegsgebiet, würde ich vermutlich auch fliehen. Und ich würde natürlich abkassieren, wenn ich fast dazu eingeladen werde. Hässig bin ich auf die Politiker, die das zulassen. Die machen mich echt wütend

**Was hättest du in deinem Leben anders gemacht und was möchtest du noch ändern?**
Gehen wir zwanzig Jahre zurück, ich bin fünfzehn: Dann würde ich sicher die Lehre abschliessen. Aber ... lieber nicht als Maurer. In dem Fall müssen wir noch weiter zurück, an den Anfang der Schulzeit. Heute würde ich lernen, lernen, lernen, büffeln, büffeln, büffeln, um eine gute Ausbildung machen zu können. Die würde ich dann durchziehen – statt den Frauen nachzuschauen. Wenn ich damals eine schöne, nette Frau kennen lernte ... Ich verlor den Kopf und irgendwann die Lehrstelle. Ich würde auch bestimmt nicht mehr so viel Geld ausgeben, um den Frauen zu imponieren. Wenn ich das noch hätte, könnte ich jetzt zwei Jahre fett leben, ohne einen Finger krumm zu machen. Stattdessen hab ich Schulden, die mich fast erdrücken. Es ist ja schön, auf Pump zu leben, aber die Folgen sind weniger schön. Wenn ich den Roli von damals antreffen würde ... dem würde ich einen Tritt in den Arsch geben: Komm Junge, mach dir doch nicht die ganze Zukunft kaputt. Was ich heute ändern würde? Ganz viel. Fast alles. Ich frage mich ständig, wie ich dieser Scheisse, in der ich stecke, entkommen könnte. Und dann würde ich ganz schnell ganz weit weglaufen, um

nie wieder so tief abzurutschen. Aber irgendwie sehe ich es nicht.

## Was ist das Schönste & Wichtigste, das du hast?

Meine Kollegen. Weil die bedingungslos hinter mir stehen. Auch wenn ich im Moment in der Scheisse bin – für die bin ich immer noch der Roli und sie sind für mich da. Ich weiss, die helfen mir immer. Vor allem eine Kollegin, die will mir dauernd Geld geben, dabei hat sie selbst fast nichts. Ich sag ihr immer, dass es für mich viel wichtiger ist zu wissen, dass ich mich auf sie verlassen kann. Meine Eltern bedeuten mir auch viel, bei ihnen fühle ich mich geborgen und willkommen, sie haben mir schon oft sehr geholfen. Bei ihnen muss ich nichts und niemand sein, sie nehmen mich, wie ich bin, lieben mich meinetwegen – solche Menschen braucht man.

## Was ist dein einprägsamstes Erlebnis?

Die schönste Zeit in meinem Leben waren jene Jahre, wo ich daheim wohnte und ein Auto hatte und eine Freundin. Die Erinnerungen daran helfen mir, wenn ich wieder mal voll am Boden bin. Dann sage ich mir immer: Du hattest das und du kannst es wieder haben, du musst einfach darum kämpfen. Das schlimmste Erlebnis war der Tod meines besten Freundes. Wir waren wie Brüder, haben alles zusammen gemacht, die erste Zigarette geraucht, uns zum ersten Mal besoffen, wir liebten dieselbe Musik, dieselben Filme ... 1989 hatte er einen Unfall und konnte nachher nur noch an Krücken gehen. Von da an war er ein anderer Mensch. Er stürzte in die Drogen ab – und wir verloren uns aus den Augen. Doch als mich seine

Freundin anrief: ‹Du, der Peter ist tot, Überdosis› ... das war für mich ein Schock. Ich hab so gehofft, er kommt von dem Scheiss weg und es wird wieder wie früher. Ich hatte einen bösen Absturz deswegen. Erst nach zwei Jahren war ich einigermassen drüber hinweg. Noch heute muss ich an ihn denken, wenn ich eines unserer Lieder höre oder einen unserer Filme sehe. Da kommen so viele Erinnerungen hoch und Fragen. Ich hätte ihm das Leben so sehr gegönnt.

## Was ist und bedeutet Erfolg für dich?

Wenn man erreicht, was man sich in den Grind gesetzt hat. Zurzeit kann ich für mich keinen Erfolg verbuchen. Nichts klappt von dem, was ich will.

## Hast du ein Vorbild? Wen und warum?

Das war früher, so die Popstars und Fussballer und Schauspieler. Aber heute ... wenn, dann meinen Vater. Wegen dem, was er aus seinem Leben gemacht hat. Ich bin stolz auf ihn und manchmal ein bisschen neidisch. Weil, er hat einen guten Job, er verdient gut, er hat eine gute Frau, meine Mutter. Ich hab meinem Vater von klein auf nachgeeifert, wollte mindestens das erreichen, was er hat – aber irgendwie lief bisher immer etwas falsch.

## Was macht dich glücklich? Und was ärgert dich?

Dass ich lebe, das ist für mich Glück. Und dass meine Freunde weiter zu mir stehen, obwohl ich so tief gefallen bin. Ich bin zurzeit schon glücklich, aber da ist eben immer diese Angst, dass es gleich beschissen weitergehen wird. Wenn ich einen Job hätte und eine Wohnung,

ich wäre der glücklichste Mensch der Welt. Ich bin froh, dass es Surprise gibt, so hab ich wenigstens etwas zu tun und fühle mich gebraucht. Ohne Surprise wäre ich ziemlich verloren. Darum finde ich auch diesen weltweiten Verband der Strassenzeitungen super. In anderen Ländern geht es den Menschen noch viel schlechter, die sind fast noch mehr darauf angewiesen als wir, dass sie Strassenmagazine zum Verkaufen haben. Und so gehen wir wenigstens nicht ganz vergessen, wenn uns schon die Politiker vergessen. Was mich ärgert, sind Leute, die meinen, sie seien besser als ich, nur weil ich weder Karriere noch Geld habe, die mich deshalb für Abschaum halten und so behandeln. Das macht mich traurig und wütend, ich bin deswegen doch nicht unterrangig.

## Gibt es etwas, das du noch lernen möchtest?

Wenn ich könnte, würde ich noch eine Ausbildung machen. Am liebsten als Baggerfahrer oder Kranführer oder beides, die sind heute total gefragt, da hättest du sofort eine Stelle. Aber so eine Ausbildung kostet vier bis fünf Tausend – und woher soll ich das Geld nehmen. Irgendwie ist es ungerecht: Ich würde so gern eine Ausbildung machen, aber auf dem Sozialamt heisst es: Sie können ja arbeiten, Sie brauchen nichts mehr zu lernen. Aber find mal einen Job ohne Lehrabschluss. Ohne Lehre keinen guten Job, aber keine Lehre, weil ich ja irgendeinen Job machen könnte.

## Was gibt dir Hoffnung?

Ich selbst. Meine Kollegen. Meine Eltern. Und Surprise. Das ist es, warum ich mir sage: Ich kämpfe weiter. Es gibt keinen Grund aufzugeben.

Urs, 50, ist ein ruhiger, ausgeglichener Mensch. Der Tod seiner Frau vor sechs Jahren, den er «als schlimmstes Erlebnis in meinem ganzen Leben» empfindet und mit dem er lange nicht recht fertig wurde, warf sein Leben aus der gewohnten Bahn. Er verkauft in Bülach Surprise. Letztes Jahr hat Urs wieder geheiratet, und nun hofft er, «dass ich den Rank wieder finden werde und sich meine finanzielle Situation verbessern wird».

Der Berner Urs Wittwer hatte einen grossen Lebenstraum, den er in diesem Leben nicht mehr verwirklichen konnte. Seine Sucht – an der er letzten Dezember auch gestorben ist – stand immer dazwischen. Am liebsten hätte Urs als Selbstversorger auf dem Land gelebt, mit ein paar Geissen und Schafen und einem grossen Gemüsegarten.

# Ich nehme Heroin, also bin ich

Vor 25 Jahren lernte Urs Heroin kennen. Seither hat es ihn nie mehr losgelassen. Auch wenn es Zeiten gab, wo er nicht konsumierte, abhängig war er immer. Umso mehr sogar.

«Ich vergöttere das Heroin nicht, ich verteufle es nicht. Ich brauche es einfach, um leben zu können. Es ist für mich wie Benzin für den Motor, damit der Karren überhaupt läuft. Ich nehme es und fertig, ich denke gar nicht mehr gross darüber nach. Meine Meinung ist: Ich hab vor 25 Jahren den Fehler gemacht, mit dem Zeug anzufangen, das kann ich nicht rückgängig machen, leider, denn eigentlich ist es schon tragisch. Ich wollte ja aufhören. Versuchte es wenigstens immer mal wieder. Zwischendurch war ich auch clean, aber: Du kannst körperlich clean sein und trotzdem genauso abhängig. Abstinentsein bedeutet für mich nicht nur ein drogenfreies Leben, sondern dass man von sich sagen kann: Ich bin wohl ohne Heroin, ich fühle mich genau so gut und zufrieden wie mit.

Sicher kann ich der harte Siech sein, ich kann den inneren Sauhund besiegen und auf Heroin verzichten. Ich hab einen enormen Willen. Aber warum soll ich denn wollen? Was bringt mir das, wenn ich ohne Heroin nicht wohl bin? Was habe ich denn davon, wenn ich dauernd gegen mich und meine Bedürfnisse kämpfen muss, mich schlecht fühle und das Leben für mich nicht mehr lebenswert ist? Ohne Heroin habe ich überhaupt keine Lebensfreude mehr. Es gibt mir all das, was ich brauche und nirgendwo sonst gefunden habe. Ich kann das nur schwer beschreiben: Mit Heroin bin ich einfach gelassen, selbstsicher, kreativ, aufgestellt, ich kann etwas machen, die Dinge anpacken, die mir in meinem Leben wichtig sind. Ohne fühle ich mich völlig lustlos und apathisch, ich habe keine Kraft für irgendwas. Ich hab das Heroin nie aus Lebensüberdruss genommen oder weil ich mit irgendwas nicht klargekommen wäre. Im Gegenteil: Es steigert meine guten Gefühle noch. Macht alles schöner.

Sobald ich anfange, gegen das Heroin zu kämpfen, kann ich nur verlieren: Nehme ich, hab ich verloren, weil ich ja nicht nehmen wollte. Verzichte ich, fühle ich mich nicht wohl und bin nicht mich selbst – und hab genauso verloren. Ständige Niederlagen gegen sich selbst erträgt doch kein Mensch. Vor allem bin ich so nur noch abhängiger, alles dreht sich einzig und allein um die Frage: soll ich, soll ich nicht, oder doch, aber ich wollte doch ... Dieses Gedankenkarussell beherrscht dich völlig. Da spielt das Heroin eine Rolle in meinem Leben, die ich ihm nicht geben will. Es nimmt allen Raum ein, es bleibt keinen Platz mehr für mich selbst und keine Kraft, mir ein lebenswertes Leben einzurichten. Es gibt so viele Dinge, die mir viel wichtiger sind. Heroin ist mir wirklich ziemlich unwichtig. Ich brauche und nehme es einfach. Mein Leben ist die Natur. Ich gehe leidenschaftlich gern in die Berge, habe einen grossen Gemüsegarten. Es macht mir viel mehr Freude, nach einer langen Bergtour müde heimzukommen oder zu sehen, wie schön die Rüebli und das Gras wachsen, als mir mal wieder bewiesen zu haben, dass ich der harte Siech sein und auf Heroin verzichten konnte.

Am Besten geht es mir, wenn ich einfach mein Heroin konsumiere, ohne gross darüber nachzudenken. Es ist für mich wie essen und trinken, und da überlegst du ja auch nicht lange hin und her, ob du sollst oder nicht, du isst und trinkst einfach, weil du Hunger hast oder Durst oder Lust. Mir ist auch aufgefallen: Je mehr ich versuche, gegen meine Sucht zu kämpfen, umso mehr Heroin nehme ich. Und umso abhängiger werde ich. Das macht mich bloss unglücklich und unzufrieden.

Früher hatte ich recht Mühe damit, mich als Junkie zu akzeptieren. Heute weiss ich, wer ich bin, ich kann zu mir stehen und bin mir treu geblieben, trotz allem – und das ist mehr, als viele von sich sagen können. Heroin macht mich weder zu einem besseren noch zu einem schlechteren Menschen. Es macht mich einfach zu mir selbst. Ich bin lieber ehrlich und gestehe mir ein, dass ich es nicht mehr schaffe, als mich ständig selbst zu belügen und einen Entzug nach dem andern anzufangen, von dem ich im hintersten Stübli weiss, dass er zu Scheitern verurteilt ist. Solche Junkie-Ferien, wie ich dem sage, muss ich mir nicht mehr antun. Das hab ich zu oft getan. Irgendwann wurde das Ressen immer zu gross und ich gab wieder nach – bis zum nächsten Versuch. Damit schleisst du bloss deinen Körper und deine Seele. Das macht wirklich kaputt. Ein Entzug ist ein riesiger körperlicher Stress und jedes Scheitern ist eine Enttäuschung mehr. Irgendwann fühlst du dich nur noch als Versager, weil du es nicht schaffst, statt dass du versuchst, ewas anderes zu schaffen. Etwas, das für dich wichtig ist.

Manchmal hab ich trotz allem die Nase voll und überlege mir ernsthaft einen Entzug. Es ist schon tragisch, irgendwie, es ist schade. Mein Lebenstraum war, als Selbstversorger zu leben, mit ein paar Geissen und Schafen und einem grossen Gemüsegarten. Davon träume ich noch immer, doch solange ich vom Heroin abhängig bin, kann ich es vergessen. Ich lebe ständig zwischen dem Wunsch, diesen Traum doch noch zu verwirklichen, und der Realität. Der Realität, dass ich ohne Heroin nicht mehr leben kann.»

*Nachtrag*

*Urs wusste, dass er an den Folgen des Heroinkonsums sterben würde. Auch das konnte ihn nicht davon abhalten. Obwohl er sagte: «Ich hänge sehr am Leben. Ich lebe wahnsinnig gern.» Am 16. Dezember 2004 ist Urs gestorben. Er wurde 45 Jahre alt.*

*Seit zweieinhalb Jahren ging es mit seiner Gesundheit rapide bergab. Das Heroinrauchen hat ihm Lunge und Bronchien verklebt. Manchmal litt er sogar beim Geradeausgehen unter Erstickungsanfällen. Auch sein Immunsystem war durch jahrelange schlechte Ernährung geschwächt. Bei unserm letzten Gespräch im Oktober meinte er, der Arzt würde ihm noch drei, vier Jahre geben.*

*Urs war einer der «ältesten» Drogenabhängigen in Bern. Die Kollegen, die mit ihm angefangen hatten, waren alle längst gestorben. Urs erklärt sich das mit der guten Konstitution, die er gehabt hatte – er arbeitete als Holzfäller und war jede freie Minute am Klettern in den Alpen – und damit, dass er nie gespritzt hatte. Er empfand es «als Drama, als Tragik», was er mit sich anrichtete. Oft quälten ihn deswegen Selbstvorwürfe. «Gott hat mir Gesundheit geschenkt und ich setze sie mutwillig aufs Spiel. Andere Menschen sind krank und würden alles dafür geben, gesund zu werden oder zu sein.»*

*Angst vor dem Tod hatte Urs nicht, aber vor dem Sterben. Er wusste, dass er ersticken würde. Er wird wohl wenigstens nicht lange gelitten haben. Am Freitag hatte er über Unwohlsein geklagt, am Montag hatte er gemeint, diesmal hätte ihn die Grippe richtig erwischt, am Mittwoch war er so geschwächt, dass er gar nicht lange reden mochte, am Donnerstag ging er nicht mehr ans Telefon und am Freitag erhielten wir die Nachricht von seinem Tod.*

*Ich kannte Urs nicht sehr gut. Doch die Gespräche, die wir gehabt hatten, waren immer sehr intensiv. Urs war ein geradliniger Mensch. Er machte sich und andern nichts vor. Er wusste um seine Schwächen und Fehler und stand dazu, auch wenn es für ihn ab und zu schmerzhaft war. Wo immer Urs auch ist, ich hoffe und glaube, er hat endlich seinen Frieden gefunden.*

■

Thomas Iberg, 53, sitzt gern in einer Beiz und hört und schaut den Menschen zu. Seine grösste Liebe gilt jedoch der Musik. «Wenn ich in einer Band spielen könnte», sagt er, «würde ein Traum in Erfüllung gehen, den ich seit Jahren mit mir herumtrage.»

«Mit Mischeln, also Betteln, mache ich oft mehr Geld als mit Surprise Verkaufen. Das finde ich noch krass. Verkaufen ist schliesslich eine Arbeit, und die Leute kriegen was für ihr Geld. Ich selbst fühl mich viel besser mit dem Heft in der Hand als mit der Kappe auf dem Boden. Früher hat mir das Mischeln nichts aus-gemacht, im Gegenteil, ich fühlte mich oberschlau und vollkrass dabei, doch heute geht es mir so was von auf den Senkel. Darum bin ich echt froh um Surprise. Ich weiss nicht wie, aber man müsste den Leuten noch viel bewusster machen, dass Verkaufen harte, ehrliche Arbeit ist.»

**Küse Straub, Bern**

# «Wenn sie gewinnen, sind sie Schweizer – sonst Asylanten»

Sie sind jung. Sie stehen ganz am Anfang ihrer Karriere. Eigentlich. In Eritrea zählten Simon und Abraham zu den grössten Nachwuchstalenten als Langstreckenläufer. Sie mussten fliehen. Aus politischen Gründen, wie sie sagen. In der Schweiz laufen sie weiter aufs Podest. Doch sie kämpfen allein. Gegen die Uhr. Und gegen die Asylbürokratie. Nur einer hilft ihnen – so gut er kann: Aklilu, auch er ein Flüchtling aus Eritrea.

«An der Schweizermeisterschaft der Aktiven in Basel war LCU-Mitglied Simon Tesfay (19-jährig) über 5 000 Meter erfolgreich und konnte dank eines klug eingeteilten Laufs den dritten Platz erkämpfen. (...) Hinter dem führenden Duo beschränkte sich Simon darauf, den dritten Rang in einer Zeit von 14:29,39 Minuten sicher nach Hause zu laufen, was neuen LCU-Vereinsrekord bedeutet.»

Er klaubt eine vergilbte Zeitungsseite aus seiner Tasche, streicht sie glatt und zeigt auf das Bild neben dem Artikel aus dem «Anzeiger von Uster», das ihn mit der Bronzemedaille um den Hals und hochgereckter Faust zeigt. Ein kurzes Leuchten stiehlt sich in seine Augen, dann zieht er sich wieder in sich zurück. Wenn Simon laufen kann, sich sogar aufs Podest kämpft, ist seine Welt in Ordnung. Dann ist er einfach ein Teenager, der fürs Laufen lebt und von der grossen Karriere träumt. In Eritrea gehörte Simon zu den talentiertesten Langstreckenläufern, trainierte mit dem Nationalkader und hatte eine Zukunft auf dem internationalen Parkett vor sich. Heute aber, wenn die Siegesfeier zu Ende ist, fährt er zurück ins Asylheim, und da holt ihn der Alltag wieder ein. Der einsame und ungewisse Alltag eines Asylbewerbers, der nichts hat und niemand ist. Simon ist ein schlaksiger Junge, wirkt zurückhaltend, fast schüchtern. Man hat den Eindruck, als sei für ihn alles zu schnell gegangen und er noch nicht in der Realität gelandet. Der Realität, die letzten Mai aus dem erfolgreichen Sportler einen namenlosen Asylbewerber machte. Eine Referenznummer in den Mühlen der Asylbürokratie. «Ich weiss nicht, was ist weiter», sagt er oft, in gebrochenem Deutsch, und es ist spürbar, dass er noch zu viel damit zu tun hat, sich in der Gegenwart zurechtzufinden, als dass er sich eine Zukunft denken könnte. Laufen hilft wenigstens für den Moment dagegen. Hilft gegen die Erinnerung. Gegen die Angst vor der Ungewissheit. Laufen gibt trotz allem Hoffnung. «Ich muss laufen, sonst ich habe Probleme da», Simon deutet auf den Kopf. «Ich denke zuviel. Das nicht gut.»

«Erfolgreich konnten sich die Läufer des LCU am Halbmarathon in Lausanne vom 24. Oktober, der gleichzeitig auch als Schweizermeisterschaft ausgetragen wurde, in Szene setzen. Der spätere Tagessieger Tadese Abraham bildete lange mit dem Franzosen Joncheray ein Spitzenduo, bis er diesen beim 15. Kilometer distanzieren konnte. Tadese Abraham lief sodann mit 32 Sekunden Vorsprung auf den Franzosen als Solosieger ein. Mit 1:04:51 Stunden steigerte Abraham seine persönliche Bestleistung um 2 Minuten.»

Bedächtig knackt Abraham ein Erdnüsschen, stopft sich die Kerne in den Mund und langt nach dem nächsten. «Das nicht gut für Sportmann», meint er, «aber ...» Er lächelt verlegen, während er ein Nüsschen nach dem andern kaut. Die Mütze tief in die Stirn gezogen, die Arme auf die Tischplatte gestützt, sitzt er da. Äusserlich wirkt er gelassen, in sich ruhend, doch ein gelegentliches Flackern in seinen Augen deutet auf den Vulkan hin, der in seinem Innern brodeln muss. Im Mai 2004 war er mit seinem Freund Simon von Eritrea in die Schweiz geflohen. Aus politischen Gründen, wie er sagt. «In meinem Country, wir hatten Probleme mit Militär und Polizei. Die Politik kam auch in den Sport.» Er musste alles zurücklassen, seine Familie, seine Freunde – und vielleicht auch seine Karriere als Sportler. Abraham hat fast alles gewonnen, was es in seiner Heimat zu gewinnen gibt, und war kurz davor gestanden, im Ausland starten zu können und sich ins internationale Rampenlicht zu kämpfen.

«Diverse Podestplätze gab es für die Läufer des LC Uster am traditionellen Hellebardenlauf in Sempach. Die Ustemer Simon Tesfay (Eritrea) und Abraham Tadese (Eritrea) bildeten am über 17,3 Kilometer führenden Lauf lange mit dem äthiopischen Vorjahressieger und Streckenrekordhalter Chengere Tolossa eine Spitzengruppe, bis die LCU-Läufer das Tempo verschärften und Junior (!) Tesfay schliesslich als Sieger knapp vor Abraham einlief.»

«Wenn sie gewinnen, sind sie Schweizer oder sogar Ustemer, sonst einfach irgendwelche Asylanten.» Aklilu tönt zornig und frustriert. «Sie bringen super Leistungen, aber niemand hilft ihnen.» Aklilu ist der beste Freund von Simon und Abraham. Er ist für sie da, so gut er kann, doch viel, das weiss er selbst, kann auch er nicht tun. Aklilu ist ebenfalls Asylbewerber. «Was soll ich denn», fragt er. «Wir sind allein, ganz allein, müssen alles selber machen, das ist sehr schwer.» Aklilu ist schon länger in der Schweiz und spricht sehr gut Deutsch. Das habe er alles allein im Spital gelernt, sagt er. Drei Monate lag er dort und musste sechs Mal operiert werden, nachdem ein Autofahrer ihn und seine Frau mitten auf der Strasse angefahren hatte. Die Schuldfrage ist ungeklärt, doch Aklilu fehlt das Geld für einen Anwalt. Aber eigentlich mag er nicht darüber reden. Er sei unwichtig, findet er, er komme schon durch, «andere haben es viel schwerer als ich». Aklilu ist für viele Eritreer in Zürich eine Art Anlaufstelle bei Sorgen und Problemen, er hört zu und versucht zu helfen, so gut es eben geht. «Ich bin sehr froh, wir haben uns drei», mischt Simon sich ein. Er beugt sich zu Aklilu und spricht in einer schnellen, melodiösen Sprache auf ihn ein. «Er hat gesagt, dass wir nun seine Familie seien», übersetzt Aklilu. «Er habe niemanden ausser uns. Und jeder Mensch brauche jemanden. Sonst sei es, wie wenn es ihn gar nicht geben würde.» Simon floh allein in die Schweiz. Von seinen Eltern hat er seither nichts mehr gehört. «Vielleicht werde ich sie nie wieder sehen», dolmetscht Aklilu. «Von meinem früheren Leben ist nichts geblieben, nur noch Abraham.»

Die zwei stecken die ganze Zeit zusammen. Leben im gleichen Asylheim, ziehen jeden Tag morgens und abends gemeinsam ihr Training durch, starten, wenn möglich, an denselben Rennen, um sich gegenseitig zu unterstützen. «Sie sind ganz allein, und das ist schwer», wiederholt Aklilu, der manchmal fast wütender und enttäuschter klingt als seine beiden Freunde. Sie müssten unbedingt einen Coach haben, meint er, der ihnen einen Trainingsplan mache, sie motiviere, ihnen während dem Rennen taktische Anweisungen gebe. Und sie würden Sponsoren brauchen. «Sie haben nicht mal richtige Schuhe», sagt Aklilu. Gute Rennschuhe kosten mindestens 700 Franken. Aklilu legt für die beiden jeden Rappen auf die Seite, den er vom Surprise Verkaufen übrig hat, «aber das langt eben nicht weit». Trotzdem laufen die zwei regelmässig aufs Podest, brechen einen Rekord nach dem andern. Abraham wurde sogar Schweizermeister. «Ich will immer einfach besser sein, besser als andere, besser als ich», meint Abraham. Die beiden sind noch jung. Gerade als Langstreckenläufer stehen sie ganz am Anfang ihrer Karriere. Sie wollen kämpfen. Bei jedem Rennen laufen sie für die Hoffnung, irgendwann nicht mehr nur als Asylbewerber wahrgenommen zu werden, sondern als Sportler. Auch nach den paar Minuten auf dem Podest, wo sie in Kameras lächeln dürfen. «Sie wollen für die Schweiz laufen», sagt Aklilu. Abraham nickt kauend und stopft sich das nächste Erdnüsschen in den Mund. ∎

Aklilu, 26, musste von Eritrea in die Schweiz fliehen. Für ihn ist es sehr wichtig, sich in dem Land, wo er lebt, so gut wie möglich zurechtzufinden und sich an die Normen und Regeln anzupassen. Er hilft vielen seiner Landsleute in Zürich, die mehr Mühe haben in der fremden Umgebung, mit Rat und Tat. Aklilu möchte unbedingt einen Job finden – sein grösster Traum aber ist «ein Leben in Frieden mit meiner Familie».

Rudi, 18, floh vor zwei Jahren mit seiner Mutter und der kleinen Schwester in die Schweiz, weil sie sich als Roma in Serbien nicht mehr sicher fühlten. Der wichtigste Halt im Leben des Teenagers ist Gott. Er sagt: «Ich versuche so gut wie möglich nach dem Wort Gottes zu leben. Mein grösstes Glück ist es, mit Surprise eine Arbeit zu haben, die Spass macht und erfüllt.»

# Angst, Gott & Basketball

Ein Jahr lang lebte er in Angst. Traute sich kaum mehr aus der Wohnung. Darum beschloss Rudi, aus Serbien in die Schweiz zu fliehen, wo er sich für seine Mutter, seine kleine Schwester und sich selbst Sicherheit erhoffte. Rudi war damals sechzehn. «Für mich war das alles nicht so schlimm», sagt er. «Ich war ja kein Kind mehr.»

Er ist ein stiller, ernster Junge. Strahlt eine innere Ruhe und ein Selbstbewusstsein aus, die über sein Alter hinausgehen. Man merkt, dass er zu früh in Abgründe sehen musste, in die er lieber nicht gesehen hätte. Dass er mit Dingen umgehen muss, die den meisten ihr Leben lang erspart bleiben. Rudi war sechzehn, als er vor zwei Jahren mit seiner Mutter und der kleinen Schwester aus Serbien in die Schweiz floh. Sein Vater war sechs Jahre zuvor gestorben – seither war Rudi der Mann in der Familie und musste Verantwortung übernehmen. Für seine Schwester, die mit zehn noch zu klein war, um verstehen zu können und zu wollen, warum sie weggehen mussten. Sie war einfach nur traurig und zornig und verstört, weil sie all ihre Freundinnen, all ihre Spielsachen daheim zurücklassen musste. Und für seine Mutter, die es schwer hatte, sich in einer neuen, fremdartigen Welt zurechtzufinden. «Für mich war das nicht so schwierig», sagt Rudi. «Ich war ja schliesslich kein Kind mehr.» Das gehört zu seinen häufigsten Antworten: «Ich war kein Kind mehr», oder: «Ich bin kein Kind mehr.»

### Was passiert, das passiert

Wie sie in die Schweiz kamen und warum, will Rudi nicht erzählen, die Fremdenpolizei habe ihnen verboten, darüber zu reden. «Die haben das so gesagt, also mache ich es lieber nicht.» Sie hätten als Roma halt Probleme mit den Serben gehabt. Bekannte seien eines Tages einfach weg gewesen. Verschwunden? Geflohen? Rudi hat keine Ahnung. Von der Schweiz wusste er nichts. Da war nur die Vorstellung von Sicherheit. Das zählte für ihn. «Bei mir zu Hause hatte ich Angst. Ein Jahr lang hatte ich immer Angst. Am Abend konnte ich nicht mehr raus, es war zu gefährlich wegen der serbischen Paramilitärs. In der Schweiz musst du keine Angst haben, weil die Polizei sehr gut arbeitet. Hier ist Freiheit.»

Sie kamen wie fast alle mit der Überzeugung, in der Schweiz bleiben zu können. Die Illusion war schnell genommen. Rudi weiss, dass ihre Chancen, Asyl zu erhalten, sehr klein sind. Damit müsse er leben, sagt er und zuckt die Achseln. «Was passiert, das passiert. Wir können es nicht ändern.» Rudi gehört schon mit achtzehn zu den Menschen, die hinnehmen, wenn etwas nicht zu ändern ist, kämpfen, wenn sich etwas machen lässt, und das eine vom anderen unterscheiden können. Nein, er wolle nicht zurück, und ja, der Gedanke mache ihm Angst, «aber wenn wir nicht hier bleiben können, haben wir keine andere Wahl». Gedankenverloren starrt er aus dem Fenster. Es ist einer der wenigen Momente, wo er die Maske abstreift und die Wut und Verzweiflung eines Teenagers zeigt. Er sagt: «Es ist hart, etwas machen zu müssen, das man nicht will. Von dem man weiss, dass es nicht gut ist. Das ist sehr hart.» Seine Tante wurde vor acht Monaten ausgewiesen. Am Telefon beteuere sie immer, alles sei in Ordnung, es gehe ihr gut, erzählt Rudi. «Ich glaube ihr nicht.» Die Lüge solle ihnen nur die Sorge nehmen – um sie und um sich selbst. Seit zwei Jahren leben sie nun in der Schweiz. Warten auf den Entscheid, der in einer Woche kommen kann oder in zwei Jahren. Natürlich tue er sich schwer mit dieser Ungewissheit, sagt Rudi, «aber die Schweiz ist ein Land mit Gesetzen und einem Recht, das ist gut und richtig und daran muss man sich eben halten».

### Keine Zeit für Träume

Rudi gehört zu den jungen Asylsuchenden, die in der Schweiz durch die Maschen fallen. Ihre Jugend verlieren. Und vielleicht ihre Zukunft. Mit sechzehn war er zu alt, um hier noch zur Schule zu gehen, nicht einmal ein Deutschkurs wurde ihm bewilligt. Irgendwann werden diese Zwischenjahre, in denen er nichts machen kann, nicht mehr aufzuholen sein. Daheim hatte Rudi Basketball gespielt. Jeden Tag hatte er trainiert. Und er war gut. «Ich träumte davon, Profi zu werden», sagt er, schiebt dann verlegen nach: «Wie Kinder das halt so tun.» Doch schon das letzte Jahr in Serbien konnte er kaum mehr ins Training. Und in der Schweiz hat er noch kein einziges Mal einen Basketball in der Hand gehalten. In einen Club wolle er nicht, meint Rudi. Er helfe seiner Mutter, Surprise zu verkaufen, und sei den ganzen Tag auf den Beinen, «und danach bin ich zu müde zum Spielen. Das ist jetzt halt einfach so.» Rudi tönt das erste Mal wie ein trotziger Teenager – und nicht sehr glaubwürdig. Träume lassen sich nicht einfach wegwerfen. Rudi mag überhaupt nicht mehr träumen oder über eine Zukunft nachdenken. Er wisse doch nicht, was er lernen und werden wolle, meint er pampig. Daheim hätten sie Probleme gehabt, da habe er nicht über so etwas nachdenken können, und nun wisse er nicht, welche Richtung sein Leben nehmen werde. «Wie soll ich mir in dieser Situation eine Zukunft denken? Ich will gar nichts anderes machen als Surprise verkaufen.»

Jeden Tag verkaufen er und seine Mutter acht bis zehn Stunden – meist sind sie erst gegen sieben Uhr abends wieder daheim. Auch am Samstag. Sie müssten so viel arbeiten, sagt Rudi. Seine Mutter und er erhielten von der Sozialhilfe je 250 Franken, seine Schwester 100 Franken. «Damit kommt man nicht einen Monat durch.» Mit Surprise lässt sich überleben. Ab und zu lassen sich sogar kleine Wünsche seiner Schwester erfüllen. «Sie ist halt noch ein Kind», sagt Rudi. Sie verstehe nicht, dass das meiste, was für ihre Schweizer Freundinnen selbstverständlich ist, für sie Träume bleiben müssen: Spielsachen, ein Velo, Nikes. Sie wird wütend, wenn sie als Einzige wieder verzichten muss. Er verstehe das, gibt Rudi sich abgeklärt. «Ich bin ja kein Kind mehr.» Er wünsche sich darum gar nichts mehr, denke nicht daran. «Weil, was soll ich wünschen, wenn ich weiss, es geht nicht. Wenn es nicht geht, geht es nicht, wie soll ich sagen.» Er schweigt. Meint dann leise: «Manchmal wäre es schon schön, Wünsche haben zu dürfen.» Er lächelt verlegen. Dann lässt er sofort wieder die Vernunft sprechen. Sagt: «Ich bin in der Schweiz, weil ich hier in Sicherheit bin und nicht mehr Angst haben muss. Und dafür bin ich dankbar. Es gibt viele, viele Schweizer, die auch nichts haben und Hilfe brauchen, und wenn sie mir mehr geben würden, könnten sie vielleicht denen weniger geben, und das wäre auch nicht richtig. Die kommen von hier und kommen zuerst.»

### Gott ist alles und überall

Er versuche zufrieden zu sein, sagt Rudi, es könne immer schlimmer sein – und korrigiert sich gleich selbst: «Ich bin zufrieden. Anderen geht es viel schlechter.» Rudi ist ein altkluger Junge, der trotz seiner schwierigen Situation das Herz offen behielt für die Not anderer. «Wenn ich an all die Leute denke, die gar nichts haben, nichts zu essen, keine Kleider, keine Wohnung, die in Unsicherheit und Angst leben müssen, dann danke ich Gott dafür, dass ich hier sein kann. Dann denke ich immer daran, wie gut ich es habe. Dass ich wirklich zufrieden sein kann. Ich bin Gott dankbar.» Rudi ist gläubig. Gott ist für ihn alles, Gott ist immer da. Der Glaube gibt ihm Halt, verleiht ihm diese innere Sicherheit, die nach aussen so spürbar ist. Jeden Tag liest Rudi in der Bibel. Er versuche, immer besser mit und nach Gottes Wort zu leben, sagt er. Sicher mache er Fehler, kein Mensch sei perfekt, aber er bemühe sich jeden Tag noch mehr, das zu respektieren, was Gott gesagt habe. «Ich versuche so gut wie möglich, ein guter Mensch zu sein.» ∎

# «Wir sind doch Menschen und nicht Probleme»

An Armutsdefinitionen besteht kein Mangel. Die des EU-Ministerrates zum Beispiel besagt, derjenige gelte als arm, dessen materiellen, sozialen und kulturellen Mittel derart geringfügig sind, dass er von der Lebensweise ausgeschlossen ist, die im jeweiligen Mitgliedsstaat als Norm gilt. Laut einer anderen Definition ist Armut erreicht, wenn das Einkommen bei 50 Prozent (und weniger) des Durchschnittseinkommens liegt. In der Schweizer Verfassung ist verankert, dass jeder Mensch das Grundrecht auf Existenzsicherung hat, also auf das, was für das physische Überleben absolut notwendig ist: Nahrung, Kleider, ein Dach über dem Kopf, medizinische Grundversorgung. Die Sozialhilfe geht noch darüber hinaus: Sozialhilfebezüger sollen gleich gestellt sein mit den untersten 20 Prozent der Erwerbenden mit niedrigem Einkommen. Die Sozialhilfe soll den Leuten – theoretisch – auch die Teilnahme am sozialen und kulturellen Leben ermöglichen. Heute indes wird die Sozialhilfe laufend gekürzt.

Auffallend ist, dass über Armut immer nur in zwei Sprachen berichtet wird: in einer abstrakt-technischen Verwaltungssprache, mit der die Lebensrealität der Armen durch Statistiken und Zahlen verdeckt wird, und in einer ideologisierend-moralisierenden Form, mit der Arme – je nach Absicht und Zweck – entweder zu Sündenböcken oder Opfern gemacht werden, nie aber handelnde Subjekte sind. Was aber ist Armut wirklich? Wer ist arm? Wie sieht das aus und wie fühlt es sich an? Was denken Arme selbst? Empfinden Leute, die gemäss Statistik als arm gelten, sich als arm? Eine Diskussion.

Peter Gamma: Manchmal finde ich es schon deprimierend, so wenig Geld zu haben. Ich kann keinen Rappen auf die Seite legen. Und Ferien, ein Auto, eine bessere Wohnung, das kann ich sowieso vergessen. Mit IV und Alimente komm ich im Monat auf 3 400 Franken, für mich, meine Frau und deren Sohn. Das langt gerade zum Leben, fertig. Du kannst dir nie einfach was kaufen, woran du Freude hättest. Manchmal weiss ich ja nicht einmal, wie ich all meine Rechnungen bezahlen soll. Da ist immer so ein Druck in mir. Es ist schon noch verrückt.

Katrin: Schlimmer finde ich die Abhängigkeit. Auf dem Sozialamt bist du einfach ausgeliefert. Wenn du etwas Zusätzliches brauchst, musst du jedes Mal darum betteln – und meist kriegst du es eh nicht. Dabei kommt es nicht mal gross darauf an, was du willst, es geht darum, ob deine Soztante dich mag oder nicht. Letzten Winter zum Beispiel hätte ich dringend neue Schuhe gebraucht – ich trag meine seit drei Jahren und sie fallen wirklich auseinander. Bei mir hiess es, die müsse ich vom normalen Sozgeld bezahlen, ein Kollege dagegen bekam einen Hunderter extra für neue Fussballschuhe.

Küse Straub: Das kenn ich. Auf dem Sozialamt in Lyss haben sie mich irgendwie nicht so gern. Die wollen mir nicht mal die Miete für eine Wohnung bezahlen, ich solle in der Heilsarmee schlafen. Aber was willst du. Auf dem Sozamt gibt es nur zwei Sorten von Leuten: solche, die Geld brauchen, und solche, die darüber verfügen. Wer hat, sitzt immer am längeren Hebel.

Katrin: Dabei haben wir ein Recht auf Sozialhilfe. Das ist in der Verfassung verankert. Aber du kommst dir als Bittsteller vor.

Peter G.: Ich bin froh, dass ich seit dem Sommer nicht mehr vom Sozialamt leben muss. Bei der IV hab ich meine Ruhe. Und sie ist erst noch ein bisschen höher. Manchmal frage ich mich selbst, ob ich arm bin oder nicht. Ich glaube, es kommt sehr darauf an, wie du damit umgehst, wie du dich fühlst. Es gibt Zeiten, da scheisst es mich schon an, dass ich mir vieles nicht leisten kann. Aber wirklich arm ... nein, ich würde nicht sagen, dass ich wirklich arm bin. Solange ich eine Wohnung und zu essen habe ...

Mehmed Mujanovic: Ich finde, man darf sich nicht immer nur beklagen. Verglichen mit andern Ländern, wo Arme oftmals wirklich rein gar nichts haben, sind wir in der Schweiz doch noch gut dran. Bei uns ist es Armut auf hohem Niveau, aber es ist trotzdem Armut. Weil, du kannst bei vielem nicht mithalten, was für andere ganz normal ist. Ich ginge gern mal ins Kino oder in einen Fitnessclub, aber mit den 900 Franken, die ich im Monat kriege, liegt das nicht drin. Aber man kommt durch – und das darf man nicht einfach für selbstverständlich nehmen.

Urs Wittwer: Mein Leben ist finanziell ein Desaster. Absolut. Seit ich Surprise verkaufe, hab ich wenigstens Ende Monat immer noch was im Kühlschrank. Das ist für mich überhaupt nicht selbstverständlich. Der Scheck vom Sozialamt langt mir für etwa zehn Tage, danach hatte ich früher wieder null Rappen im Sack und oft nichts zu essen.

Katrin: Sag nichts! Die Hälfte von meinem Sozialgeld geht gleich mal für Bussen und Schulden weg. Wenn ich die übrigen Rechnungen bezahlt habe, bleiben meinem Freund und mir zusammen noch etwa 400 Franken. Damit kommst du echt nicht weit, das ist in ein paar Tagen weg. Klar könnte ich mir das Geld besser einteilen und an allem sparen – aber dann ist das Leben wirklich öde. Wenn ich schon mal ein bisschen Geld auf dem Konto habe, will ich mir halt auch mal etwas gönnen.

Peter H.: Ich teile mir mein Geld lieber ein. Mit meiner IV hab ich auch nicht viel, aber ich komme problemlos durch. Oft kann ich sogar noch etwas auf die Seite legen. Ich überlege mir eben Anfang Monat, was ich wofür ausgeben kann und will, und ich habe überhaupt nicht das Gefühl, knausern zu müssen. Ich finde einfach ...

Katrin: Ich klöne ja auch nicht rum, oder. Ich weiss, es ist meine Wahl, ich gebe niemandem die Schuld an meiner Situation. Dann muss ich halt jeden Morgen wieder bei null anfangen und meine sechs bis acht Stunden auf der Strasse stehen und Surprise verkaufen oder Gitarre spielen. Und das mach ich.

Urs: Ich bin auch überhaupt kein Jammeri. Vor allem nicht wegen Geld. Darum geht es ja auch nicht in erster Linie. Armsein heisst für mich viel mehr als kein Geld haben. Ich bin jetzt seit über zehn Jahren arbeitslos und ich weiss, dass ich nie wieder werde arbeiten können. Lange dachte ich, das würde mir nichts ausmachen, ich könne mir selbst Anerkennung und Wert geben. Aber es nagt eben doch an deinem Selbstwertding, so heimtückisch und schleichend, dieses Wissen, dass du nicht gebraucht wirst, nutzlos bist, auf Kosten der Allgemeinheit lebst. In den Augen anderer bist du nichts und niemand, und es ist verdammt schwer, dich nicht irgendwann selbst so zu fühlen. Das Gefühl zu haben: Ich bin kein Mensch, ich bin ein Problem.

Roli Füreder: Das finde ich das Schlimmste, wenn Leute meinen, sie seien besser und dich wie Abschaum behandeln, nur weil sie Karriere gemacht oder Stutz haben. Okay, ich bin in der Scheisse, ich hab keinen Job, ich hab kein Geld, im Moment hab ich nicht mal eine Wohnung, aber deswegen bin ich doch nicht unterrangig. Ich bin ja nicht freiwillig so tief unten. Und ich kämpfe wirklich, um wieder hochzukommen. Wenn die Leute dich dann noch wie Dreck behandeln – das tut brutal weh.

Katrin: Ein Millionär kann sich vielleicht jeden materiellen Wunsch erfüllen, aber Glück und Liebe kann er sich nicht kaufen. Wer auf der Strasse lebt und drei, vier Freunde hat, die zu ihm stehen, ist doch glücklicher als einer, der allein in seiner Luxusvilla haust. Materielles kann dir jederzeit genommen werden, Liebe nicht.

Roli: Das eine hat mit dem andern doch nichts zu tun. Meine Kumpels sind für mich auch das Wichtigste, das ich habe, und es macht mich sehr glücklich, dass sie trotz meiner Situation weiterhin zu mir stehen. Dennoch möchte ich einen guten Job, ein eigenes Haus und so viel Geld, dass ich mir nie wieder Sorgen darum machen muss. Man kann doch Geld und Erfolg haben und trotzdem Freunde.

Mario Hüssy: Ich bin verdammt froh, kein Spiessbürger zu sein. Was ist denn das für ein Leben: arbeiten, aufbauen, sparen, versichern. Atemnot, Schwäche, Herzinfarkt, Tod. Vergiss es. Viele Leute sehen nicht, dass manche von uns dieses Leben zu einem grossen Teil selbst gewählt haben. Wir sollen ständig resozialisiert werden. Wohin denn? In diese Gesellschaft? Darauf verzichte ich freiwillig.

Roli: Ich nicht. Ich würde sonst was dafür geben, wenn ich ein stinknormales, bürgerliches Leben hätte. Aber ich schaff es nicht. Ich hab schon alles Menschenmögliche versucht, doch ich bin immer gescheitert, ich scheitere jeden Tag. Ich weiss echt nicht, was ich noch tun soll, ich komme mir vor wie in einem Hamsterrad: Du läufst und läufst und läufst und gelangst trotzdem immer wieder zum selben Punkt. Vor kurzem meinte ein Student, ich solle mich nicht so anstellen, er habe auch nicht mehr Geld als ich. Aber bei ihm ist das nur vorübergehend so. Das ist nicht Armut. Armut ist das Fehlen von Möglichkeiten, diese hoffnungslose Ausweglosigkeit. Im Grunde kannst du dich abstrampeln, wie du willst – wenn du mal unten bist, ist es fast unmöglich, wieder hochzukommen.

Peter G.: Für mich heisst Armsein, dass man sich nichts leisten und sich auf nichts Schönes freuen kann. Armut zwingt einen zu einer pessimistischen Lebenseinstellung, weil man sich immer Sorgen machen muss um die Zukunft.

Rico: Wenn niemand mehr an dich glaubt – das macht arm. Mich wollten sie sogar vom Sozialamt an die IV abschieben. Ich mein, ich bin 24! Da fragst du dich schon: Wozu soll ich mich noch bemühen, ihr wollt mich ja doch nicht, ihr braucht mich nicht, ich bin nur unnütz. Wenn ihr auf mich pfeift, dann pfeif ich auch auf alles. Irgendwo ist eine Gesellschaft, die Arme ausgrenzt, eine arme Gesellschaft.

Peter H.: Arm bist du, wenn du nichts zu tun weisst, wenn du das Gefühl hast: Ich kann genauso gut im Nest liegen bleiben, ich werde eh nicht gebraucht.

Roli: Wenn du nie kein Geld hast und immer unten durchmusst, hältst du dich irgendwann selbst für einen Versager. Du hast das Gefühl, alle andern schaffen es, nur ich nicht. So kommt dir irgendwann auch die Moral abhanden. Wie sollst du je wieder hochkommen, wenn du nicht mehr an dich glaubst? Wie aber sollst du an dich glauben, wenn es sonst keiner tut? Meine grösste Angst ist, dass ich nie wieder aus dieser Scheisse rauskommen werde. Die auf dem Sozialamt finden nur: Suchen Sie sich einen Job. Da kriegst du keine Hilfe.

Küse: Wenn du dich in den Arsch klemmst, helfen die dir doch, einen Job zu finden. Ich mein, du musst natürlich erst beweisen, dass es dir ernst ist, aber ...

Katrin: Ich will dir deine Illusionen ja nicht nehmen. Doch in den fünf Jahren, seit ich vom Sozialamt lebe, ist noch nie ein Sachbearbeiter mit mir zusammengesessen, um zu schauen, was für Möglichkeiten ich hätte, um beruflich den Anschluss zu finden.

Küse: Die haben doch aber auch ein Interesse daran, dich so schnell wie möglich loszuwerden.

Katrin: Aus den Mühlen der sozialen Institutionen kommst du kaum mehr raus. Man muss auch sehen: Früher war das Sozialamt für die meisten Leute eine Durchgangsstation, sie bekamen Geld, um eine Notlage zu überbrücken, und hatten bald wieder einen Job. Heute ist das Sozialamt ein Auffangbecken für Gestrandete. Es gibt immer mehr Sozialhilfebezüger, und sie bleiben immer länger hängen. Denn je mehr es werden, desto weniger Zeit bleibt, dem Einzelnen zu helfen, den Absprung zu schaffen. Es ist schizophren. Die sind total überlastet und es gibt viel zu wenige Programme zur Reintegration. Die sind froh um jeden, dem sie bloss den Stutz aufs Konto überweisen müssen. Ich mache mir da keine Illusionen. Für mich ist der Zug in ein normales, bürgerliches Leben praktisch abgefahren. Und ich möchte ihn auch nicht unbedingt nehmen. Ich werde wohl immer am Rande der Gesellschaft leben, doch das ist ein Stück weit mein Entscheid. Ich bin nicht unglücklich dabei, ich sehne mich nicht danach, ein anerkanntes Mitglied dieser Gesellschaft zu sein, absolut nicht.

Mario: Das meine ich ja. Heerscharen von Beamten und Sozis verdienen sich dumm und dämlich mit dem Versuch, uns zu resozialisieren.

Die können nicht begreifen, dass ich – und viele andere – freiwillig so lebe. Die Strasse ist ein Teil von mir und ich bin Teil der Strasse. Das wird immer so sein. Ich könnte auch nie vom Staat Geld nehmen. Lieber bettle ich. Obwohl, irgendwie geht mir das voll auf den Senkel. Ich bin Anarchist, diese kapitalistische Gesellschaft kotzt mich an, trotzdem muss ich den ganzen Tag dem Stutz nachstressen. Das Geld, besser gesagt das fehlende Geld, beherrscht mein Leben.

Küse: Früher war meine Lebensphilosophie, mit möglichst wenig Geld zu leben. Aber jetzt ... Ich stelle es mir voll schön vor, so viel Geld im Sack zu haben, dass ich mir einfach so ein Stück Pizza leisten kann. Das vermag ich fast nie. Dann kann ich nur an diese Pizza denken, all meine Gedanken drehen um diese verdammte Pizza. Man kann jetzt denken: Der hat Probleme. Sicher, es ist Luxus. Aber ohne ab und zu ein bisschen Luxus wird das Leben voll öd. Bei dieser Pizza fängt für mich Armut an. Denn bei uns ist es nun mal normal, dass man sich eine Pizza kaufen kann, wenn man Lust drauf hat.

Peter G.: Du musst dir mal was gönnen können, sonst verkümmerst du, seelisch und sozial.

Katrin: Etwas verstehe ich nicht: Wenn ich am Gitarre Spielen bin, bringen mir Leute immer mal wieder ein Bier vorbei. Das ist nett gemeint, ich hätte aber oft lieber einen Eistee oder eine Schoggi. Doch keiner fragt. Das ist auch im Grossen so. Wir werden nie gefragt, was wir wollen und brauchen, es wird einfach über unsere Köpfe hinweg für uns entschieden. Dabei wissen wir als Betroffene doch am Besten, was wir brauchen.

Rico: Die beschliessen an ihren Schreibtischen irgendwas und wundern sich dann, wenn es nicht funktioniert. Man sagt, Geld regiere die Welt. Aber es ist noch schlimmer: Wer Geld hat, bestimmt über die, die keines haben. Traurig ist, dass viele irgendwann selbst glauben, andere wüssten besser, was sie brauchen, als sie selber.

Mario: In Bern wollen sie jetzt am Bahnhof ein Häuschen hinstellen für die Leute, die beim Stein in der Christoffel-Unterführung rumsitzen. Super Idee! Ich geh sicher nicht in dieses Häuschen. Die Stadt macht das ja auch nicht für uns. Man will uns aus dem Weg haben. Weil unser Anblick die Passanten und Touris ja stören könnte. Aber ich lass mich ganz sicher nicht unsichtbar machen.

Katrin: Eigentlich müssten wir uns zusammentun und auf die Strasse gehen. Um zu zeigen, dass es uns gibt. Um für uns einzustehen. Aber das kannst du vergessen. Viele, die nur schon ein Jahr von der Sozialhilfe leben, werden apathisch und trauen sich gar nichts mehr zu. Politiker und Reiche sind nicht dumm. Die stopfen uns das Maul mit dem Existenzminimum – und wir haben brav und dankbar zu sein. Sonst könnte einer auf die Idee kommen, uns gehe es zu gut.

Peter G.: Es heisst immer, der Staat müsse sparen. Aber nicht an uns. Ich finde, ich lebe schon bescheiden genug.

Katrin: Neuerdings heisst es ja, man müsse den Leidensdruck erhöhen, dann würde es uns vergehen, uns auf Kosten der Allgemeinheit ein gutes Leben zu machen. Ja bitte, gebt mir einen Job! ∎

# maz

Die vorliegenden Porträts entstanden im Rahmen der Ausbildung Pressefotografie an der Schweizer Journalistenschule. Die Arbeiten kamen in zwei Wochen während einem Workshop zustande.
Das Projekt des 3. Studienganges Pressefotografie wurde vom Fotografen Reto Camenisch betreut. Mehr zum MAZ, den Fotografen und ihren Arbeiten auf: www.maz.ch/work/foto

Markus Forte, 27, studierte nach der Matur an der Stiftsschule Einsiedeln in Zürich Ethnologie und Geschichte, brach diese Laufbahn aber nach dem Grundstudium ab. Zwei spannende und lehrreiche Jahre bei der GAF (Gruppe Autodidaktischer Fotografen) zeigten ihm, dass er Lust hat, die Welt um sich herum fotografisch zu entdecken und über dieses Metier noch viel mehr lernen will, um als Fotograf qualitativ hoch stehende und ehrliche Arbeiten machen zu können.
Bilder Seiten 45, 56, 58, 77, 92, 97

Dörthe Hagenguth, 38, lebt seit fünfzehn Jahren in Hamburg, wo sie auch ihr Studium in Wirtschaft, Geografie und Pädagogik abschloss. Anschliessend arbeitete sie als Lokalreporterin (Wort und Bild) für eine Hamburger Stadtteilzeitung. Sie realisierte bereits verschiedene eigene Fotoprojekte, so: Begleitung eines Hilfstransports nach Kaliningrad, Flüchtlingskinder in einer Hamburger Asylunterkunft, Entvölkerung im Osten Deutschlands.
Bilder Seiten 14, 18, 33, 48, 50, 52, 66, 80

Hanna Jaray, 24, lebte zunächst in Stockholm, zog mit sieben mit ihrer Familie nach Toronto, wo sie an einer Privatschule ihre Faszination fürs Malen und Gestalten entdeckte. Als sie fünfzehn war, kam sie in die Schweiz, befasste sich in verschiedenen Kursen weiter mit Gestalten, Zeichnen und Malen, sattelte dann aber auf die Fotografie um und besuchte die «f&f-Fotoklasse».
Bilder Seiten 20, 28, 69

Peter Klaunzer, 37, kam als Quereinsteiger zum Fotografieren. Nach dem KV liess er sich zum Computerprogrammierer und Wirtschaftsinformatiker weiterbilden und war danach Projektleiter im Software-Entwicklungsbereich. Seit vier Jahren fotografiert er gelegentlich für das «Liechtensteiner Vaterland».
Bilder Seiten 70, 82, 85

Miriam Künzli, 28, wuchs als Schweizerin in München auf und machte dort auch ihr Fachabitur in Gestaltung. Im Herbst 2001 schloss sie ihr Studium an der Staatlichen Fachakademie für Fotodesign ab.
Bild Seite 91

Urs Lindt, 42, fotografiert seit zwei Jahren bei der «Solothurner Zeitung». Pressefotograf ist seine dritte Berufswahl – nach Lehrer (nie ausgeübt) und Steinhauer.
Bilder Seiten 49, 86

Remo Nägeli, 32, absolvierte eine Lehre als Schreiner und übte diesen Beruf bis zum Eintritt in die Fotofachklasse des MAZ aus. Zur Fotografie kam er über seine ausgedehnten Reisen durch Neuseeland, Kanada-Alaska, Südamerika, Nepal. Er vertiefte seine Kenntnisse an der GAF in Bern.
Bild Seite 67

Carmela Odoni, 23, schloss vor vier Jahren ihre Fotofachausbildung ab, arbeitete danach zweieinhalb Jahre bei der «Neuen Luzerner Zeitung» und ist heute Pressefotografin beim «St. Galler Tagblatt».
Bilder Seiten 46, 63, 88

Sabine Rock, 36, arbeitete zunächst fünf Jahre als Kindergärtnerin, bevor sie vom Journalismus infiziert wurde. Sie begann, regelmässig Sendungen beim Alternativradio LoRa zu gestalten, hatte dort zweieinhalb Jahre die Koordinationsstelle für Frauenfragen inne, machte Weiterbildungen in Tontechnik (SAE) und Fotografie (GAF). Heute ist sie Teilzeit als Koordinatorin im Frauenzentrum in Zürich angestellt und arbeitet daneben als freie Pressefotografin.
Bilder Seiten 47, 68

Raphael Röösli, 29, träumte schon als Teenager davon, sein Geld als Sportfotograf zu verdienen. Doch das Leben wollte es zunächst anders, und er begrub diesen Traum. Jahrelang arbeitete er als Maurer. Auf Reisen entdeckte er die Faszination für die Fotografie wieder, und nach ersten Erfahrungen bei einer Regionalzeitung begann er, den Traum Realität werden zu lassen.
Bild Seite 78

Marius Schären, 30, studierte Journalistik und Kommunikationswissenschaft an der Uni Fribourg und arbeitete daneben als freier Mitarbeiter bei verschiedenen Zeitungen. 1998 wurde er Redaktor beim «Sarganserländer». Seit 2001 hat er ein Teilzeitpensum bei der Presseagentur «InfoSüd» und ist freier Mitarbeiter beim «Bund». Mit der Fotografie beschäftigte er sich bis zur Ausbildung am MAZ autodidaktisch.
Bilder Seiten 11, 16, 39, 40

Marco Zanoni, 35, stieg, nach zehn Jahren Sozialarbeit, mit der GAF in die professionelle Fotografie ein. Darauf machte er diverse Kurse, unter anderem am International Center of Photography in New York. Sein Hauptinteresse gilt der Reportage- und Porträtfotografie. Einzelausstellungen in der Galerie «Ufo» in Bern und in der «Photogalerie 94» in Ennetbaden. Vfg-Nachwuchsförderpreis 1999 und 2001 (Auszeichnungen), Gewinner der Bieler Weihnachtsausstellung im Fotoforum Pasquart 2002 und Fotopreisträger 2004 des Kantons Bern.
Bilder Seiten 3, 27, 34

Impressum

Herausgeber
Strassenmagazin Surprise GmbH, Steinenschanze 4, 4051 Basel, www.strassenmagazin.ch

Autorin
Simone Burgherr

Fotos
3. Studiengang Pressefotografie
MAZ – Die Schweizer Journalistenschule, Luzern

Foto Umschlag
Marco Zanoni

Gestaltung
BuM Brodmann und Mösch, Basel

Druck und Lithos
baag Buchdruckerei Arlesheim AG

Bindung
Buchbinderei Grollimund AG

Printed in Switzerland
www.kontrast.ch
www.strassenmagazin.ch
ISBN 3-906729-39-7